TERNOVE.

—

TOME SECOND.

TERNOVE

PAR

ARTHUR DE GOBINEAU.

TOME SECOND.

BRUXELLES.

LIBRAIRIE DE TARRIDE, RUE DE L'ÉCUYER, 8,

VIS-A VIS LA RUE DE LA FOURCHE.

1848

CHAPITRE X.

L'attente ne fut pas longue. Les commandants des compagnies revinrent, les hommes reprirent leurs rangs, et l'on écouta. Octave entendit ce qu'il y avait à entendre; les princes renvoyaient chacun en pleine liberté, déliaient tous serments, et déclaraient ne pas vouloir donner pour récompense à la fidélité les hasards d'une émigration.

La harangue finie, chaque troupe rompit les rangs, et ce fut un désordre complet. On courait çà et là. Les uns cherchaient à gagner les devants pour aller prendre congé des princes et les assurer d'un attachement inviolable; les autres se demandaient, non sans beaucoup d'inquiétude sur la plupart des visages, ce qu'ils allaient faire. La foule passait et repassait la frontière. Plusieurs avaient déjà pris leur parti, et, tournant la tête de leurs chevaux vers la France, rentraient par petits pelotons dans la route qu'ils venaient de parcourir.

Octave était en train de ressangler son cheval lorsqu'il fut avisé par le petit mousquetaire jovial dont il avait fait la connaissance.

— Eh bien! mon lieutenant, lui dit celui-ci, qu'allez-vous faire?

— Je suivrai les princes, répondit Octave. Et vous?

— Parbleu…. et en compagnie de mon oncle encore! Partez-vous seul ou avec quelque parent?

— Seul, répondit Octave, et, je vous l'avoue même, j'ai peu d'argent. N'importe, ce ne sont pas les millionnaires qui émigrent.

— Vous avez raison, dit le mousquetaire; mais comme dans l'adversité il faut se secourir réciproquement, j'ai cent louis en or sur moi et nous partagerons. Ne nous quittons pas, quoi qu'il arrive.

— J'accepte, répondit Octave.

Il n'est rien de tel que les circonstances difficiles pour former promptement des liaisons, et, qui plus est, des liaisons solides. On plaît, on déplaît, on est utile ou nuisible, on donne à espérer ou à craindre, en un mot l'on marque, et l'on trouve mille occasions d'être pris en goût pour peu qu'on en vaille la peine.

— Ainsi, reprit Octave lorsqu'il eut assuré la solidité de sa selle, vous passez la frontière?

— Evidemment, répondit le jeune homme

Mais au lieu de discuter sur ce grand événement, nous ne ferions pas mal de nous mettre en route ; tout le monde se disperse, et j'ai bien peur de perdre mon oncle qui nous sera d'un grand secours.

— Qui est votre oncle ? demanda Octave, si toutefois je puis faire cette question sans trop de curiosité.

— A votre aise. Je m'appelle Julien de Soilles, et mon oncle est le général comte de Bartas , qui sort du service de la Russie.

— J'en ai entendu parler à M. de Marvejols.

— Vous connaissez M. de Marvejols ?

— Intimement.

— Vous allez vous faire adorer de mon oncle, qui regarde ce vieux marguillier comme le type du chevalier français, opinion que j'admire sans la partager. Mais puisque nous voilà si bons amis, ce qui devait arriver , car depuis notre départ j'ai pris pour vous une passion qui a toujours été en augmentant , voulez-vous me permettre de vous demander votre emploi dans notre armée? Vous étiez sans doute aide de camp?

— Oui, d'un général qui s'est fait malade à Saint-Denis, et qui y est resté.

— Homme prudent que ce général ! Si nous courions après mon oncle?

— Très-volontiers.

Et les deux amis se mirent en chemin, cherchant à démêler de loin entre les différents groupes celui où devait se trouver l'oncle. D'abord la foule était trop grande pour qu'on pût rien reconnaître ; les uns montaient, les autres descendaient ;

chacun en passant s'adressait des souhaits de bon voyage.

— Bien des choses à Bonaparte! criait Julien de Soilles. Nous allons revenir lui laver la tête avant peu ! Je veux être pendu si j'en suis sûr, reprenait-il en s'adressant à Octave, mais il faut un peu relever le moral de tous ces messieurs-là.

Personne au reste ne se faisait prier pour crier : *Vive le roi!* Car en somme, le grand nombre des malheureux qui rentraient en France, comme des malheureux qui s'en allaient en Belgique, était, déduction faite des faiblesses humaines, fort dévoué, fort attaché à la maison de Bourbon.

Au bout d'une heure de marche, Julien poussa un cri de joie à la vue de cinq ou six officiers généraux qui s'avançaient à petits pas sur la grande route. Donner un coup d'éperon à son cheval et les rejoindre hardiment fut l'affaire d'une minute. Julien agissait en toutes choses avec cette promptitude et cette noble confiance d'un enfant gâté et assez présomptueux. Ici Octave suivit exactement l'exemple de son camarade.

— Bonjour, mon oncle, dit le mousquetaire en frappant cavalièrement sur le bras du général de Bartas.

— Bonjour, bonjour, mon ami, répondit l'oncle avec un regard et un sourire des plus paternels. Je suis bien aise que tu n'aies pas rebroussé chemin.

— Eh bien! espiègle, dit un autre général, qu'allez-vous faire dans l'émigration ?

— Des merveilles, soyez-en sûr, répondit Julien.

— Bartas, reprit un autre officier , nous le recommanderons à Kozkewski.

— Ma foi , je crois que nous aurons là notre unique ressource ; mais la chose sera facile.

— Si j'entre au service russe, dit Julien, je n'y entrerai pas seul; car j'ai là mon ami, M. Octave de Ternove, qui m'a rendu d'immenses services , et dont je ne me séparerai à aucun prix.

— Bon, dit le général de Bartas en regardant Octave d'un air amical , l'empereur Alexandre n'est pas à cela près de nourrir un officier de plus.

La conversation continua sur ce ton, et Octave, assez rassuré sur l'avenir, ne put s'empêcher d'admirer la précaution de tous ces messieurs qui déjà avaient remplacé l'uniforme français par l'habit moscovite , avaient mis dans leurs poches Saint-Louis, pour rétablir sur leur poitrine Sainte-Anne ou Saint-Wladimir. Evidemment la caravane que l'officier de chasseurs venait de rejoindre avait ses raisons pour montrer la bonne humeur et la charmante philosophie dont elle faisait preuve ; il n'y avait là que des craintes médiocres pour l'avenir, et, à mettre au pis tout ce qui pouvait arriver, le rang et la fortune de tous ces messieurs étaient saufs.

— N'importe! dit tout bas Octave à Julien, je ne serais pas très-satisfait s'il me fallait endosser l'habit vert.

— Et voilà bien l'empire des préjugés ! répondit Julien sur le même ton ; outre que le drap n'en est pas moins bon que le drap bleu , tient aussi chaud et sied aussi bien, il n'oblige jamais, comme

’autre, qu’a faire tirer sur des hommes; vous me direz que ces hommes parlent notre langue : triste raison! *Vive le roi!* Moi, je n’ai pas assez de jacobinisme dans l’âme pour vouloir passer pour patriote.

Octave sourit, prenant cette déclaration pour une boutade enfantine, et n’y attacha pas d’autre importance.

Tout en causant, l’on avançait, et l’on finit par se trouver en face d’une sentinelle russe qui arrêta tout court les voyageurs.

— Où sommes-nous? demanda Julien à son oncle. Quelle est cette place dont nous voyons les glacis?

— C’est Ypres, mon enfant, répondit le général. Il y a garnison russe dans la ville, nous allons parlementer.

En attendant que l’on pût parlementer, arriva un caporal qui fit entrer tous ces messieurs dans la maison d’un meunier où l’on avait établi un poste avancé.

— Je voudrais parler à un officier, dit le comte de Bartas commençant à perdre patience.

— Allez en chercher un! s’écria Julien.

Le caporal tourna sur ses talons et partit. On attendit assez longtemps.

Enfin arriva un officier russe.

— Eh bien, monsieur, dit le général en se levant et en prenant un ton fort roide, allons-nous être retenus ici?

— Le commandant de la place vous fait dire que vous ne pouvez entrer, messieurs, attendu que la présence d'une troupe étrangère dans Ypres en compromettrait la sûreté.

— Puissamment raisonné ! dit Julien. Comment s'appelle-t-il votre commandant ?

L'officier, qui était un capitaine, jeta un regard d'humeur sur le mousquetaire audacieux ; mais le comte de Bartas rétablit la conversation.

— Allons, répondez, puisqu'on vous interroge. Comment s'appelle votre commandant ?

— C'est le colonel de P..., mon général.

— Quoi ! le colonel de P... ? Il a servi sous mes ordres, en Bessarabie, comme major. Allez lui dire que le feld-maréchal comte de Bartas l'engage à venir lui parler.

Ce disant, l'oncle de Julien tourna le dos à l'officier qui, ébloui par le nom qu'on lui jetait à la tête, salua respectueusement la compagnie et s'éloigna.

Vingt minutes après, on voyait entrer dans le moulin un petit monsieur en habit de colonel, qui, plié en quatre, venait présenter ses très-humbles excuses à M. le feld-maréchal de Bartas et le supplier de vouloir bien entrer dans la place, où il ne manquerait pas d'être reçu avec tous les honneurs dus à son rang.

— C'est bon ! c'est bon ! dit le comte, vous auriez pu ne pas me faire attendre.

— Ces messieurs, dit le colonel toujours ventre à terre, en montrant Julien et Octave, ont-ils l'honneur de faire partie de la suite de M. le feld-maréchal ?

— Oui, monsieur. Qu'y trouvez-vous à redire ?

— Il serait à désirer qu'ils voulussent bien ne pas porter la cocarde blanche.

— J'en prends sur moi la responsabilité , dit le comte. Trêve d'objections ! Montrez-nous le chemin.

Le colonel n'insista pas davantage, et précédant les officiers français , le drapeau à la main , il les introduisit, en qualité d'officiers russes, dans la place confiée à sa garde.

Octave était sombre comme un jour d'orage ; humilié dans le plus profond de son cœur , maugréant contre les guerres civiles et l'ambition des puissants qui forçaient un pauvre diable à passer sous de pareilles fourches caudines. Il ne comprenait rien à la parfaite insouciance de Julien ; celui-ci ne faisait que rire de tout, entremêlant ses plaisanteries de réflexions surprenantes dans un homme aussi jeune et aussi gai.

— Mon nouvel ami, se dit Octave, me fait l'effet, malgré son âge et sa jovialité, d'être un homme assez dépourvu d'enthousiasme.

On reçut de l'autorité militaire des billets de logement. Les deux amis furent envoyés chez une riche veuve flamande appelée madame Wolf, qui, déjà d'un âge fort respectable , fut enchantée de recevoir et d'héberger des hôtes aussi agréables. Elle prit surtout Julien en gré , et celui-ci en tira le pronostic que, grâce à cette bienveillance subite de la bonne femme , lui et Octave allaient mener une vie délicieuse pendant la durée de leur séjour à Ypres.

— Cela est merveilleux sans doute, dit Ternove; mais au lieu de faire des projets de bien-être, ne

serait-il pas mieux d'aller à la recherche des nouvelles et de savoir où sont passés les princes?

— Bah! nous les retrouverons toujours, dit
Julien; vive le roi! les princes ne se perdent jamais. Néanmoins, qu'il soit comme il vous con-
viendra; allons courir la ville.

Les voilà partis bras dessus, bras dessous. Comme ils passaient devant l'hôtel du comte d'Arschot,
ils virent un grand nombre de Français assemblés
devant la porte.

— Bon! les princes sont ici, dit Julien. Entrons
sans cérémonie, notre fidélité nous donne aujour-
d'hui le droit d'être importuns comme des bar-
bets; profitons-en, car demain, très-probable-
ment, nos maîtres auront l'ingratitude de relever
les barrières et de nous tenir à distance.

Tandis que les deux aventuriers montaient l'escalier, ils virent descendre le baron de Marvejols.
Octave poussa un cri de joie.

— Vous ici, monsieur le baron?

— Monsieur le baron, vous avez donc quitté vos
gardes de la porte?

— Oui, M. de Soilles. Ah! mes enfants, quel
malheur, quelle faute on a faite!

— Des malheurs? des fautes? s'écria Julien; si
nous sommes encore à en parler, nous n'allons pas
savoir par où commencer.

— Eh! c'est du dernier malheur que je parle,
dit le baron. Savez-vous bien qu'il vient d'arriver
une dépêche du roi?

— Parfait. Et qu'est-ce qu'elle dit, cette dépêche?

— Les princes sont au désespoir!

— Pourquoi cet excès d'affliction ?

— Parce que Sa Majesté donne l'ordre de conserver toute sa maison militaire, que nous avons déjà perdu l'infanterie à Béthune, et que la cavalerie a été licenciée à la frontière.

— Le roi va être de bonne humeur, repartit Julien.

— Messieurs, il faut vous montrer bons serviteurs !

— Nous ne demandons pas mieux, interrompit rapidement Octave.

— Partez à franc étrier, retournez sur vos pas, et ramenez tous les gardes du corps, mousquetaires et chevau-légers que vous pourrez retrouver.

— Tope ! dit Julien. Venez-vous, Ternove ?

— A l'instant.

— Braves jeunes gens ! murmura le baron en essuyant une larme ; quel dévouement ! Ah ! mon Dieu, ne te laisseras-tu pas fléchir en voyant encore dans cette malheureuse patrie des cœurs aussi généreux ?

— Ne trouvez-vous pas, dit Julien à Octave, que notre ami le baron ressemble à ces aveugles qui appellent indistinctement tous les passants *âmes charitables* ? Le brave homme a dans l'esprit un besoin d'admirer et de s'attendrir qui veut être satisfait à tout prix.

Cependant les deux amis étaient rentrés chez madame Wolf et avaient donné ordre de seller leurs chevaux. A la nouvelle de leur expédition, que Julien dépeignit sous les couleurs les plus martiales, la sensible veuve se sentit frémir pour ses

protégés ; mais , renonçant à arrêter leur bouil-
lante jeunesse, elle bourra leurs poches et les fon-
tes de leurs pistolets de gâteaux , et les engagea à
ne pas se fatiguer.

C'était assez l'avis de Julien. A mesure qu'Octave le connaissait mieux en l'entendant parler, il en
prenait une opinion peu favorable. Pourtant il ne
laissait pas que de se sentir sous l'influence de cet
esprit jeune et désabusé. Julien avait de l'esprit ,
et du vif, et du prompt, et du déluré. Cet esprit-
là obtient toujours du crédit sur les intelligences
françaises, et Ternove, bien qu'en suspectant fort
le côté essentiel du caractère de son nouvel ami ,
ne pouvait s'empêcher de rire de ses saillies et
d'admirer comment ce petit jeune homme , si
nouveau venu dans le monde , pouvait juger
d'une manière aussi fine et aussi juste. Certainement il ne comparait pas le jeune mousquetaire à Marcel , caractère si droit , si élevé , mais
il lui trouvait un charme extrême, lui reconnais-
sait un jugement plus froid que le sien propre ,
et se laissait aller , sans s'en apercevoir, à se fier à
lui.

Seulement il ne voulut pas consentir à la gogue-
narde proposition que lui fit de Soilles d'entrer
tout bonnement à l'auberge, de s'y reposer et de
rentrer dans Ypres, après s'en être remis à la Pro-
vidence du soin de ramener les mousquetaires, les
chevau-légers et les gardes du corps licenciés mal
à propos. Octave prenait les choses au sérieux. Il
insista pour remplir sa commission en conscience, laissant du reste son ami libre d'agir à sa guise ; mais Julien , tout en haussant les épaules et

en l'accablant d'épigrammes , ne voulut pas le quitter.

Les railleries furent à leur comble, lorsque après avoir couru pendant toute la journée , Julien et Ternove se retrouvèrent aux portes d'Ypres , escortés de six cavaliers recrutés par eux. Plusieurs de ceux qu'ils avaient en outre rencontrés s'étaient excusés poliment, en assurant que leur congé avait été valablement donné , et qu'ils s'y tenaient.

— Moins triomphants, mais aussi moins éreintés serions-nous , mon loyal ami, disait Julien, si nous avions agi suivant mes idées ; la cause royale y aurait perdu six hommes ! voyez la belle affaire ! Mais il n'importe, un tel exploit ne doit pas rester sans récompense ! n'est-ce pas, mon oncle ?

M. de Bartas, qui passait sur la place, se retourna à cette brusque apostrophe de son neveu.

— Allons, fou, lui dit-il, accourez vivement vous faire inscrire à l'état-major. Quel grade voulez-vous ?

— Quel grade, mon oncle ? répliqua Julien un peu surpris ; mais... je serais volontiers capitaine si cela se pouvait faire. Comment faut-il s'y prendre ?

— Rien n'est plus simple, dit le général en riant. Vous arrivez devant l'officier qui écrit ; il y a foule, personne ne s'occupe de personne, et le désordre est si grand qu'à peine peut-on s'entendre. On te demandera ton grade, et tu répondras : *Capitaine*, et tu seras capitaine ! La chose n'est pas plus malaisée.

— Cordieu ! s'écria Ternove en riant, dans ce

cas-là, moi qui suis un grognard comparé à Julien, je veux être chef d'escadron !

— Tu le seras, vertubleu ! répliqua vivement le mousquetaire ; et montant l'escalier quatre à quatre, en tirant son oncle essoufflé par le bras pour garder un porte-respect, il jeta vivement à l'écrivain ces mots rapides :

— Le chef d'escadron de Ternove ! le capitaine de Soilles ! marche !

L'officier toisa le petit bonhomme, et regarda le général clignant d'un œil, et se mit à écrire. C'est ainsi qu'en un tour de main, sans trop savoir comment, et avant d'avoir pu dire *Amen*, Octave, qui avait jadis eu tant de peine à devenir brigadier, se trouva chef d'escadron.

Il prit la main de Julien et la serra avec l'expression de la plus vive joie. De ce moment, il en fit son ami et pour ainsi dire son associé.

CHAPITRE XI.

En peu de jours cette affection augmenta si bien
que les deux jeunes gens éprouvèrent l'impérieux
besoin de savoir réciproquement l'histoire de leur
passé. Les préventions d'Octave s'effaçaient à demi
devant les qualités d'un camarade qui par sa présence d'esprit l'avait improvisé chef d'escadron, ce
que ses longs services, ajoutés à d'autres plus longs
encore, n'auraient jamais pu obtenir.

— Voyons, lui dit-il, parlons-nous à cœur ou-
vert, sur tout ce qui nous concerne. Dans les circonstances difficiles, il faut une fraternité d'armes
pour se soutenir et se sauver. Tu m'as servi...
J'espère qu'à mon tour je te servirai. Pour commencer, dis-moi d'où tu viens, et je te donnerai
l'exemple, s'il le faut.

Aussitôt il raconta simplement ce qui dans toute sa vie lui était avenu ; sauf ses amours dont il ne confia rien. Il ne jugeait pas devoir exposer les côtés délicats de son être au contact rêche de l'esprit de Julien ; sur tout le reste il fut sincère et n'avait pas de raison pour dissimuler.

Quand vint son tour de parler, de Soilles sourit, et annonça un récit beaucoup plus simple encore que celui de son compagnon.

—Je n'ai pas, moi, lui dit-il, des souvenirs aussi dramatiques que ceux que tu viens de m'étaler. Ni mon père ni ma mère n'ont eu l'esprit de se laisser guillotiner pour m'aider à devenir intéressant. Je n'ai pas eu de vieux meunier brutal à mes trousses : j'ai même été élevé dans un pays où l'excellent, le parfait, le sublime usage de ne pas payer ses dettes a été soigneusement conservé, de sorte que pas même un créancier ne m'a tourmenté dans ma vie. C'est donc une narration fort plate que j'ai à te faire; mais puisque tu as la bonté d'y tenir, je finis ma préface et je commence.

Tu sauras, mon cher Octave, que ma famille est aussi ruinée qu'il est humainement possible de l'être. Mon père, au moment de l'émigration, était un homme d'esprit ; il avait prouvé à ma mère, par *A plus B*, que la révolution ne pouvait pas durer, et que le voyage de Coblentz était une course de pur agrément et de quelques jours. Grâce à cette entente parfaite des hommes et des choses, mes très-honorés parents se trouvèrent bientôt réduits à la condition la plus humble et trop heureux de gagner Hambourg, où ils allèrent cacher leur misère. Ma mère se fit ravaudeuse, et mon père embrassa la noble profession de cuisinier. Tu vois que je suis modeste ; je n'enfle pas les splendeurs paternelles.

— Ce que tu me racontes-là, mon cher ami, dit Octave, est l'histoire de bien des gens, et les plus grands noms de France ont donné l'exemple de la fermeté dans les malheurs en s'abaissant aux plus humbles professions. Ton père a été cuisinier à Hambourg, mais en France il était... Qu'est-ce qu'il était ?

— Ma foi, puisque tu remontes si haut, je t'avouerai que je ne le sais pas au juste ; cependant ma famille occupait un rang distingué dans la société et conforme à l'antiquité de ma race, que soutenait convenablement une assez ample fortune. Il n'est pas que tu n'aies entendu parler des de Soilles ?

— Peut-être, répondit Octave, probablement même ; mais je ne m'en souviens pas.

Julien fit un geste qui indiquait l'importance attachée par lui à sa famille. En la donnant pour illustre, il s'écartait pourtant un peu de la stricte vérité. Il se moquait d'Octave en lui demandant s'il avait entendu parler des de Soilles ; mieux que personne il savait que ce nom-là ne se trouvait dans aucun armorial. Son père s'appelait Pataud, et avait été laquais d'un fermier général. Pris en goût par son maître, il avait été poussé dans les bureaux, et, arrivé à un certain degré de fortune, il s'était mis à fréquenter les bonnes maisons où l'on jouait gros jeu. Là, il avait rencontré le comte de Bartas, capitaine de cavalerie, habitué de coulisses et grand hanteur de tripots, mais fort bien né. Il avait fini par épouser la sœur de son camarade, et s'était jeté dans un monde d'intrigues où madame de Soilles déployait une activité et un génie merveilleux.

Au moment où la révolution éclata, le ménage, criblé de dettes, à bout de voies, poursuivi par des créanciers exaspérés, prit la fuite et arriva des premiers à Coblentz. Le comte de Bartas, qui n'était pas harcelé d'aussi près, embrassa les idées nouvelles, et leur dut même de devenir maréchal de camp sous le roi constitutionnel. Mais enfin, à son tour, il fut obligé de quitter la place devant les attaques du club où ses créanciers ne cessaient de l'accuser d'incivisme. Au fond, c'était le meilleur de la famille. Il vagabonda quelque temps en Allemagne, fut même croupier de pharaon, et finit par entrer au service de Russie, où il devint feld-maréchal, grâce à l'engouement que Paul I*er* prit pour sa manière de mettre son chapeau. Une fois dans cette brillante position, il fit abandonner à son beau-frère et à sa sœur, qui, dans leur misère, s'étaient improvisés bravement *marquis* de Soilles, leurs pauvres professions, et les lança dans le grand monde de Saint-Pétersbourg où leur dextérité leur fit faire des prodiges.

Voici les détails vraiment authentiques de l'histoire des parents de Julien ; mais celui-ci ne jugea pas à propos de les confier à la mémoire de son ami. Il reprit à l'endroit où nous venons de cesser notre rectification.

— J'ai été élevé en Russie, dit-il, et mon oncle m'a fait donner l'éducation départie, dans ce pays-là, aux jeunes gens de qualité, à savoir, qu'on s'est ingénié à ne me rien apprendre du tout, et si la nature n'avait placé dans ma cervelle certaine activité, certain besoin d'aliment intellectuel, je serais tout simplement aussi vantard, aussi ignorant, aussi ridiculement fourbe que la plupart de mes jeunes amis. Mais, par bonheur, comme je te l'ai dit, j'ai l'imagination agissante, et je sais beaucoup de choses pour avoir beaucoup lu et observé.

— J'ai un ami précisément dans le même cas que toi, interrompit Octave; seulement il me semble que ce que tu sais te porte à apprendre davantage et à agir, tandis que la science de Marcel lui sert de prétexte pour n'aspirer à rien.

— Il faut de ces gens-là dans le monde, repartit Julien en riant, sans quoi il n'y aurait pas moyen de commander à personne. Ton ami Marcel est de la pâte des hommes que toi et moi sommes destinés à mener; tant mieux pour lui. Je te disais donc que je sais pas mal de choses pour mon âge. Quand la campagne de 1812 a commencé, mon oncle m'a pris pour aide de camp; je crois que j'ai assez bien fait mon devoir. Je suis entré à Paris en triomphateur.

— Tu n'as pas éprouvé un serrement de cœur en te trouvant, toi Français, au milieu des Cosaques?

— Bast! dit Julien, je suis né à Hambourg, j'ai été élevé au milieu des armées étrangères, et tu veux que j'aie des préjugés? Je suis revenu à Paris comme j'ai pu, et sans aucun remords, je t'assure. Pourtant, je dois l'avouer, soit l'influence de la patrie, soit le charme du climat, à peine installé dans l'hôtel acheté par mon oncle, rue du Bac, je me trouvai si bien en France , que je résolus de n'en plus sortir. Je renonçai à mon épaulette russe et j'entrai dans les mousquetaires.

— Ton avancement n'y gagna pas.

— Il y perdit. Je serais capitaine depuis long-temps. Mais n'importe : je n'ai pas l'humeur de César , et j'aime mieux être le second ou même le troisième en France que parader aux premiers rangs dans une contrée maudite, où il faudrait cacher ma splendeur sous des montagnes de four-rures. Maintenant tu me connais comme moi-même , et à moins que tu ne tiennes absolument à entendre le récit varié de mes amourettes, il ne te manque plus rien pour être capable, en cas de besoin, d'écrire ma biographie.

Ainsi parla Julien de Soilles ; et son amitié, son alliance avec Octave fut un fait consacré et re-connu.

Pour moi, auteur de ce récit, ce n'est pas une obli-gation à laquelle je me croie soumis que de faire l'histoire de la campagne des princes en Belgique. Le rôle qu'un chef d'escadron d'état-major pouvait jouer dans une armée qui ne jouait pas de rôle est trop minime pour que le plaisir de relater les hauts faits d'Octave m'emporte à chanter dans la trom-pette de Clio.

Grâce à la protection puissante du baron de Mar-vejols, qui de la simple amitié en était venu à une affection profonde pour Octave , le commandant avait été attaché à la cour. Julien , peu de temps après , était parti pour Alost , où l'armée royale avait été cantonnée ; cependant, comme les com-munications entre la cour et l'armée étaient fré-

quentes, il avait souvent occasion de voir son ami
et de s'entendre avec lui sur le plan de conduite
qu'ils suivaient également. Toujours plus frappé
de la force de caractère de ce jeune homme, Octave avait embrassé avec un redoublement de confiance l'alliance jurée. Il ne se faisait aucune illu-
sion sur la flexibilité de conscience de son compagnon ; il savait parfaitement que le cœur battant
dans cette jeune poitrine était de matière dure; mais
il avait assez vu le monde pour savoir à merveille
qu'on ne se bat pas contre les obstacles avec l'aide
des gens sympathiques : il comptait davantage sur
les gens intéressés.

Si Julien avait été son unique soutien , il y eût
peu compté ; mais il sentait parfaitement que la
protection du baron de Marvejols, apportée par lui
dans la communauté , valait beaucoup plus que
celle du comte de Bartas, bien que ce puissant pa-
tron lui eût rendu un service que l'âme délicate de
l'émigré aurait eu peut-être quelque peine à trouver
louable. Octave n'avait même pas cru devoir confier à son vieil ami les détails de la négociation
d'où était sorti son nouveau grade, et, sur le conseil de Julien, il s'était borné simplement à donner son avancement comme une faveur du duc de
Berry. De ce moment, le baron avait trouvé l'élé-
vation un peu brusque de son cher Octave très-
légitime , très-naturelle et au-dessus de tout reproche.

— Mon cher enfant, lui disait-il, il est certain
que Bonaparte va être battu. Le ciel ne peut pas
supporter plus longtemps le triomphe d'un homme
qui retient l'héritage de nos rois, et qui a osé , fait

inouï ! persécuter notre saint-père le pape lui-même ! Croyez-moi, c'en est fait du tyran, et dans peu de semaines nous serons à Paris. Alors je tenterai pour vous tout ce qui dépendra de moi. Madame la baronne de Marvejols ne m'a pas donné d'enfants, Dieu l'a voulu ainsi, je n'en murmure pas ; mais jusqu'au moment où je vous ai connu, je me suis trouvé bien seul sur cette terre. Vous me servirez de fils, et puisque vous avez eu le malheur de perdre monsieur votre père et madame votre mère, je pourrai quelque jour vous faire une proposition qui me tient fort à cœur. Pourtant, ne précipitons rien ; il sera assez tôt d'en parler quand nous serons rentrés victorieux à Paris et que le roi aura retrouvé son trône.

Octave devinait bien où ces conversations à demi voilées en devaient venir. Il savait que le baron avait en pensée de l'adopter, et pour lui il considérait cette perspective comme un coup de fortune ; ajouter à son nom de Ternove celui de Marvejols qui lui donnait un titre, n'avait rien en soi de répugnant ; de plus, la protection du colonel serait bien autrement puissante pour un fils adoptif que pour un étranger.

— Je te dis, Octave, s'écriait Julien en apprenant ces détails, que si nous avons l'esprit de marcher droit, nous sommes sur la bonne route. Marvejols, avec son air béat, connaît les entrées particulières de la chambre des princes aussi bien que personne, et il va te faire aller un train de poste en croupe de la fortune. Tire-moi après toi !

— Et toi, répondait Octave, n'oublie pas de surveiller ton vieux oncle de Bartas. Je t'avertis que son excessive dévotion l'a mis en grand crédit auprès de Monsieur.

— Je suis bien aise de ce que tu me dis là, répliquait Julien, car c'est moi qui l'ai poussé à plus de régularité dans ses exercices religieux. J'ai bon nez, sans me vanter.

Un jour que les deux amis avaient longuement causé, sur la place d'Alost, des heureux présages de leur avenir, Ternove, probablement touché par la douceur pénétrante de la soirée, commença à devenir peu à peu mélancolique et à se laisser aller à son exaltation naturelle depuis quelque temps assez étouffée. Dans cette disposition, il se mit à raisonner sur la vertu, sur la gloire, sur l'amour, sujets délicats bons à traiter par un beau soir de printemps, après un bon dîner. La conversation fut approfondie du côté du commandant. Il était en verve et s'abandonna à son goût pour la rêverie parlée. Quant à Julien, parlée ou dissimulée, il n'en faisait jamais le moindre cas.

— Que de billevesées! s'écria-t-il en faisant claquer ses doigts. Tu me parais de l'étoffe de ces bonnes gens qui ont grande envie de parvenir, qui font beaucoup pour cela et qui se cassent le cou en route sur quelque sotte pierre; un scrupule par exemple, ou un mariage d'imbécile.

Le trait que Julien lançait au hasard frappa Octave en plein cœur. Il ressentit comme une vive douleur dans la tête et dans la poitrine, car l'émotion morale, lorsqu'elle est vive, se manifeste sur-le-champ par une émotion physique, et il laissa Julien parler à son aise sans le contredire et tant qu'il voulut. Il resta quelques instants vis-à-vis de lui-même dans la position d'un malheureux qu'on vient de plonger dans l'eau à l'improviste et qui a peine à reprendre sa respiration et à rassembler ses idées. Enfin, lorsqu'il put démêler ce qui se passait en lui, il trouva d'abord le sentiment de la profonde vérité des paroles de Julien. Incapable de prolonger l'entretien plus longtemps et pressé de s'abandonner à ses émotions et à ses pensées, il prit congé de son confident, et ayant fait seller son cheval, il repartit pour Gand avec la secrète consolation d'avoir quelques lieues à faire tout seul et au milieu de la nuit, et par conséquent la certitude de ne pas être distrait dans ses pensées.

Avait-il oublié Marguerite? Les événements divers déroulés autour de lui, et dans lesquels il s'était jeté à corps perdu, avaient-ils eu la puissance de déraciner un amour implanté dans son cœur malgré son cœur lui-même? Non. Octave n'avait pas cessé un instant d'aimer sa cousine avec la même ferveur qu'au jour de son départ, et s'était félicité lui-même cent fois de mettre dans cette passion un abandon et une plénitude de dévouement qui le relevaient à ses propres yeux. L'amour-propre reçoit d'un amour profond une satisfaction bien légitime, et c'est quelque chose de se reconnaître dévoué jusqu'à la mort et prêt aux plus complets sacrifices. Ainsi était Octave ; et s'opposant lui-même, tel qu'il se voyait, au portrait que Marcel lui avait présenté jadis de son propre cœur, il se trouvait plus beau, et s'en réjouissait.

Tout en s'abandonnant à son enthousiasme, le jeune commandant obéissait aussi à la loi de nature , et il s'en fallait de beaucoup qu'il fût aussi simplement amoureux qu'il le voulait croire. Au-dessous de la passion veillait et travaillait la ré-flexion, qui lui présentait, même au travers des nua-ges dorés dont son affection entourait son cœur, des pensées dont la sévérité ne laissait pas de l'effrayer souvent.

Plus que jamais les résolutions austères for-mées par lui dans les premiers temps de son sé-jour à Ternove eussent été nécessaires. Puisqu'il voulait relever sa famille , la tirer de l'obscurité où le manque de fortune allait la faire tomber, il devait s'abandonner tout entier au courant des heureuses destinées. Précisément parce que tout lui souriait, il ne devait pas se laisser distraire un seul instant de la partie, mais pousser sa chance , aller toujours en avant , écarter les obstacles, repousser les revers ! Et au lieu de tenir cette conduite prudente et nécessaire , il avait un pied dans la raison, l'autre dans la fo-lie, et quand tout son temps, toute sa liberté d'al-lures , toute son indépendance d'idées n'étaient pas de trop pour lui assurer la victoire, il songeait à se marier ! à se marier à une fille de douze mille livres de rente , qui ne lui apportait ni cré-dit à la cour , ni parentage, et qui , petite-fille d'un meunier et avec cela sa cousine , le ren-drait , aux yeux de ses protecteurs , doublement ridicule.

Pour surcroît de malheur , plus il réussissait et s'approchait de la fortune , et plus tout conspi-rait à l'éloigner de Marguerite. Ainsi que le lui répétait Julien en toute occasion, la plus belle flèche de son carquois, c'était le baron de Marvejols. Surtout depuis le jour où le vieux colonel avait témoigné le désir de l'adopter, il était évident qu'il ne pouvait, sans la plus insigne folie, risquer de mécontenter son ami; et justement le baron de Marvejols était l'homme du monde le moins disposé à pardonner une mésalliance. La plupart des gentilshommes, depuis cent cinquante ans, n'ont jamais fait difficulté de reconnaître, sinon en droit, du moins en fait, qu'une alliance avec la bourgeoisie, lorsque l'alliance est convenablement dorée, est à la fois juste et désirable. Mais il est quelques entêtés, ou plutôt il y en avait en 1815, dont les principes ne voulaient pas fléchir, et qui, eussent-ils été en guenilles, n'auraient jamais consenti à épouser même la fille de Jean Ango.

Le baron de Marvejols était intraitable sur ce chapitre. Non pas qu'il eût pour la bourgeoisie, pour les paysans, aucun sentiment d'aversion ni même de dédain, en tant toutefois que bourgeois et paysans fissent montre de sentiments royalistes bien solides; il ne montrait aucune espèce de morgue envers personne, même les domestiques; mais il se considérait, lui et tous les membres de la noblesse, comme d'une race à part, d'une essence supérieure, et croyait criminel de la souiller par le mélange avec le sang plébéien. Argumenter contre lui sur ce sujet, comme sur tous ceux que le baron avait élevés à la dignité d'article de foi, Octave savait parfaitement d'avance que c'était de toute inutilité, et lui-même, jamais le baron n'aurait songé, malgré son affection, à l'adopter, s'il avait

découvert la moindre tache dans son arbre généa-
logique. Parler à M. de Marvejols d'épouser la petite-fille d'un meunier eût été lui proposer une
énormité comparable à celle de danser la carma-
gnole. Octave, au milieu de son élan d'amour, entendait sa raison lui ressasser toutes ces choses
peu réjouissantes ; il avait beau s'exalter, la maudite raison le tirait en bas, et tout à coup il finit
par se déclarer que le moment était venu de raisonner tranquillement, froidement, et de savoir
au plus juste ce qu'il convenait de faire dans la
situation double où il se trouvait.

Jusque-là il avait maintenu son cheval au galop.
Il le mit au pas ; et lorsque ses sens furent un peu
calmés par la fraîcheur de la nuit, son esprit entra
de lui-même dans la route plate et uniforme où il
avait enfin consenti à le laisser marcher.

— J'aime Marguerite avec passion, avec empor-
tement, avec dévouement, avec toutes les forces
de mon âme, se dit-il, je n'en puis pas douter. Je le
sens, si je dois vivre sans elle, autant ne pas vivre ;
si je vis avec elle, comment vivrai-je ? Voilà la
question.

A peine Octave avait-il reconnu qu'il ne pouvait
songer à vivre sans Marguerite, qu'il reconnut
aussi ne pouvoir davantage vivre avec elle.

En vérité, Julien, par un propos en l'air, avait
mis en ébullition toutes les émotions, toutes les
pensées contradictoires qui depuis plusieurs semaines s'étaient amassées peu à peu, et comme goutte
à goutte, dans le cœur de l'amant. Ce mot du mousquetaire servait de texte à toutes ses réflexions,
et, tantôt en oui, tantôt en non, il en revenait

toujours à cette parole innocemment cruelle qui représentait si bien le squelette de ses intentions : *Mariage d'imbécile!*

Après avoir beaucoup réfléchi, beaucoup maugréé, Octave n'était pas plus avancé qu'au début de sa rêverie. Il se frappa la tête :

— Il faut que je parle de tout cela à quelqu'un, sans quoi j'étoufferai! Mais à qui? à Marvejols? Singulier confident! C'est impossible. A Julien? Un homme aussi sec, aussi égoïste; il va me rire au nez! Eh bien! qu'il rie, que m'importe? Il me donnera des raisons contre mon amour; probablement une partie de celles que je me donne à moi-même; eh bien! je lui répondrai; je verrai quelle puissance peut avoir la logique de l'ambition dans la bouche d'un autre, et comment on la peut combattre. Encore une fois, mille fois, je ne renoncerai pas à ce que toute ma vie j'ai considéré comme un devoir impérieux, comme le but de ma destinée, à sortir du trou où les malheurs du temps m'ont jeté, et à rendre à mon nom l'éclat qu'il doit avoir; mais aussi je ne renoncerai pas à Marguerite! Non! ni à mon avenir, ni à mon amour! à rien; je souffrirai plus longtemps, je supporterai plus d'échecs, mais je tiendrai bon et ne perdrai rien. Si je parle à quelqu'un de ces cuisants soucis, ce sera à Julien, il a du moins plus d'esprit que les autres.

Comme Octave prenait cette résolution, il arrivait à Gand, et quelques instants après être descendu de cheval, il était installé dans sa robe de chambre au coin du feu que le baron de Marvejols tisonnait d'un air radieux. Il est nécessaire de dire qu'Octave partageait l'appartement du colonel.

Bien que le commandant fût très-préoccupé, il ne put s'empêcher de remarquer les mines triomphantes du vieil émigré ; et tout homme qui se sent aimé étant naturellement porté à user du privilége de l'affection, il ne manqua pas de s'écrier avec un peu d'impatience :

— Eh ! mon Dieu ! mon père, qu'avez-vous donc ? je vous trouve ce soir d'une joyeuseté qui vous est peu habituelle. Le roi vous a sans doute adressé quelque mot agréable ?

— Sa Majesté est sans doute d'une bonté inépuisable pour son vieux serviteur ; mais ce n'est pas cela qui me préoccupe en ce moment. Mon ami, nous avons reçu des nouvelles de l'armée de Bonaparte.

— Eh bien ! dit vivement Octave, que ce mot tira comme par enchantement de sa rêverie amoureuse, la bataille est-elle engagée ?

— Elle ne l'était pas au départ du courrier, mais elle doit l'être maintenant. Mon ami, nous serons victorieux !

— Nous ! nous ! repartit Octave en levant les épaules, c'est-à-dire les Anglais !

— Oui, poursuivit le colonel, j'aimerais mieux voir nos antiques ennemis battus par l'étendard des lis que vainqueurs même du drapeau tricolore. Mais ici, mon enfant, il faut nous incliner devant les jugements impénétrables de Dieu qui humilie aujourd'hui la France, si coupable envers ses rois. Sois tranquille, quand l'expiation sera terminée, nous reprendrons notre avantage, et, sous la conduite de nos valeureux princes , nous vengerons la mémoire des malheureux égarés que Bonaparte conduit en ce moment à leur ruine.

— En attendant, s'écria Octave en riant, le duc de W*** a été rudement sifflé avant-hier à Alost, quand il s'est présenté pour assister à la revue commandée en l'honneur de Madame.

— J'en suis bien aise, dit le baron en prenant une prise de tabac avec un sentiment intime de volupté patriotique ; pour être un malheureux peuple bien perverti et bien digne de châtiments, nous n'en sommes pas moins aussi les descendants de la plus glorieuse nation de l'univers. C'est égal, Bonaparte sera battu, j'en ai la conviction ; et, mon cher ami, il faut songer maintenant à ce que nous allons faire quand nons serons revenus à Paris. Pour moi, je suis vieux et je ne veux rien. Sans cette exécrable révolution, j'eusse été consacré au service de Dieu, et fort heureux, je te l'assure ; je n'ai qu'une joie, c'est d'avoir sacrifié mon bonheur particulier à mon devoir ; j'ai tiré l'épée pour une sainte cause ; j'en ai été récompensé outre mesure par la faveur de nos maîtres. Maintenant, je ne demande plus qu'à mourir en paix quand mon heure sonnera, entre madame la baronne, qui est une femme accomplie, et toi, mon ami, le meilleur jeune homme que j'aie rencontré. Ecoute-moi bien, et si ce que je vais te proposer ne te convient pas, tu me diras ce qui vaut mieux.

— Je vous écoute, mon père, dit Octave. Et il ne put s'empêcher de frémir en pensant que ce moment, tout simple qu'il parût, que cette espèce de contrat verbal passé entre deux hommes en robe de chambre et en pantoufles allait probablement décider de toute sa vie.

— Tu sais, reprit le baron, que j'ai l'intention de t'adopter?

— Oui, mon père.

— Madame la baronne est tout à fait de mon avis, ainsi la chose ne rencontrera aucun obstacle. Tu seras donc mon héritier. Je ne te cache pas, mon pauvre enfant, que ma fortune n'est pas grosse. Madame la baronne ne m'a pas apporté beaucoup d'argent, comme je te l'ai déjà laissé entrevoir ; mon père, de son côté, m'avait laissé très-peu de chose, et ce peu de chose, je l'ai perdu à servir mes maîtres. Tel que tu me vois, je ne possède guère que mes pensions et un petit coin de domaine valant cinq mille livres de rente ; c'est M. le duc de Berry qui me l'a donné. Je ferais donc très-peu de chose pour toi si je ne t'offrais que mon héritage. Heureusement, mon ami, continua le vieillard en se frottant les mains avec finesse, nous avons quelque chose de mieux à notre arc que cette pauvre corde.

Octave sentit plus de tristesse que de joie en entendant le baron parler ainsi. Ses succès même le faisaient trembler, et, tout en les désirant avec ardeur, il aurait voulu, ce qui est toujours impossible, ne les accepter que sous bénéfice d'inventaire. Ce fut donc d'une voix très-basse qu'il pria le colonel de s'expliquer. Celui-ci reprit la parole en ces termes :

— Tu sais que je suis fort lié avec le marquis de Bartannier; c'est un homme de la vieille bonne roche, plein d'honneur et de probité, et qui tient de ses pères une fortune de cent mille livres de rente, que par un miracle la révolution a respectée. Bartannier a une fille.

— Ah ! s'écria Octave.

Le baron se méprit sur cette exclamation. Il la crut toute joyeuse ; et, quittant sa position nonchalante au fond de son fauteuil, il se pencha vers la cheminée, et, mettant la main droite sur le genou d'Octave :

— Ne nous réjouissons pas trop, lui dit-il en souriant ; l'affaire n'est pas conclue. Tu n'as pas grand'chose au soleil, si ce n'est la faveur des princes, et peut-être Bartannier se fera-t-il tirer l'oreille pour te donner Claire. Mais si l'affaire n'est pas faite, comme je te le dis, elle peut se faire. Seulement, ne t'en mêle pas et n'y fais nulle opposition. Je n'ai pas besoin, je crois, de te recommander ce dernier point.

Octave fut comme frappé de la foudre. Il était réellement à un moment décisif de sa vie ; à un de ces moments où une inspiration subite, un trait de génie est nécessaire. Refuser une fille qu'on ne lui donnait pas lui parut bien hardi ; peut-être il n'échappait, en agissant ainsi, qu'à un péril imaginaire pour se jeter dans la disgrâce du baron, qui voudrait une explication très-difficile, très-périlleuse à donner. Que faire ?

Quand on se demande ce qu'il faut faire lorsqu'il convient d'agir sans hésiter, on ne fait qu'une chose: on ne fait rien.

Octave garda le silence.

—Mon cher garçon, dit le colonel en riant, je ne

veux pas te laisser dans des espérances trop vagues , parce que l'incertitude est toujours pénible. Je vais donc continuer à t'expliquer tes affaires.

CHAPITRE XII.

Mon cher ami, poursuivit le baron en levant les bras d'un air solennel, Monsieur a daigné parler de toi dans les termes les plus flatteurs. S. A. R. t'a distingué, et est même allée jusqu'à dire que le roi ne devrait être entouré que de serviteurs pareils à toi. Cet éloge a été répété par plusieurs de mes amis, et il est certain qu'une fois à Paris tu seras fait colonel. Colonel, oui, mon ami, et cela d'autant mieux que, je te l'ai déjà dit, je me retire.

— Mais, mon père, s'écria Octave, vous parlez toujours de l'avenir comme si nous le tenions. Vous oubliez que Bonaparte a beaucoup plus l'habitude de battre que d'être battu. Peut-être sommes-nous tout bonnement à la veille de recommencer l'émigration.

— Cela n'est guère vraisemblable, reprit le baron de ce ton obstiné particulier aux vieillards ; le ciel est las de cet homme. Laisse-moi continuer. Une fois colonel, une fois mon héritier et baron de Ternove-Marvejols, et surtout honoré des bonnes grâces de Monsieur, sais-tu ce qui doit encore avenir ? Mon enfant, il n'y a pas deux heures que la pairie m'a été promise et assurée ! Tu comprends que c'est ton bien !

— Quoi ! dit Octave, colonel et pair de France !

— Tu entends que Bartannier ne sera pas assez sot pour te demander le chiffre de ce que tu possèdes en argent comptant ?

Octave restait ébloui, pétrifié ; la fortune après laquelle il avait couru si longtemps en vain s'était mise à l'accabler tout à coup et sans qu'il eût rien fait pour mériter ses faveurs. — Ah ! Marguerite ! ah ! Marguerite ! s'écria-t-il au fond de son cœur, en voyant toutes ces barrières dorées s'élever entre lui et la petite-fille de Bahurot. Il eut envie de prendre le baron par la main et de lui ouvrir son cœur.

— Oui, se dit-il, mais si je le fais, adieu la fortune, adieu l'ambition ; je perds mon unique protecteur, et avec lui tout, toutes ces merveilles ! Il ne me restera plus que mon grade de chef d'escadron, gagné Dieu sait comment, et peut-être, en outre, ne serai-je pas employé dans ce rang si discutable à mon arrivée en France. Il faudra redevenir sous-lieutenant ! Mordieu ! jamais !

Ce *jamais* était prononcé du fond du cœur, mais avec la même énergie que s'il eût été jeté en défi au centre d'une place publique.

— J'attendrai, continua Octave en lui-même ; je ferai comme le condamné qui s'échappe dans le parcours de la prison à la potence ; je m'enfuirai de quelqu'une des stations magnifiques qu'on me prépare. Ce qui est certain, j'en jure sur mon honneur, c'est que je n'épouserai que Marguerite.

Il regarda le baron. Celui-ci s'était endormi d'un sommeil d'enfant, et un sourire doux flottait sur ses lèvres, tandis qu'Octave réfléchissait. A un mouvement que fit le jeune homme il se réveilla.

— Allons, mon ami, dit-il, j'en suis sûr, demain nous aurons de bonnes nouvelles, et à pareille heure tous les honnêtes gens pourront se réjouir. Quant à moi, je ne sentirai pas une satisfaction tout à fait complète jusqu'à ce que tu sois mon fils, et je sais que madame Marvejols pense comme moi, car tu nous as ensorcelés, mauvais sujet ; embrasse-moi.

Le lendemain matin, avant le jour, Octave ne fut pas surpris d'être réveillé par la générale battant dans tous les coins de la ville. Il courut au palais, où de toutes parts arrivaient les officiers.

— Eh bien ! qu'y a-t-il de nouveau ? se demandait-on. On entendait le canon dans le lointain ; bruit étrange, mystérieux, ébranlement sinistre qui frappait chacun d'une sorte de respect.

Octave fut envoyé à Alost pour porter des dépêches. Les trois mille hommes dont se composaient toutes les ressources militaires du roi de France étaient déjà sous les armes lorsque le commandant arriva. Il remplit sa mission et se mit à la recherche de Julien.

— Où en sommes-nous ? lui dit-il.

— Dans une vilaine position, répondit celui-ci en riant. Le bruit commence à se répandre que les Français sont victorieux, et ceux de nos corps formés de leurs déserteurs inclinent déjà à nous massacrer pour se raccommoder avec l'ancien maître.

— C'est bon, dit Octave.

Et, sans avoir besoin d'en savoir davantage, il retourna à Gand où il fit part de ces nouvelles peu rassurantes. Précisément en même temps que lui arrivaient des courriers pour confirmer la victoire présumée de l'armée impériale.

— Le roi va être pris, les princes égorgés, leurs fidèles serviteurs aussi !

Dans le salon royal, plusieurs de ces fidèles serviteurs fondaient en larmes, et, tombant aux genoux de leur auguste maître, le suppliaient de ne pas exposer sa personne (et les leurs) à la trahison des mercenaires infidèles, à la fureur implacable des séides du Corse. Octave fut obligé de sortir pour ne pas laisser percer dans ses yeux une certaine ironie qui n'aurait pas servi, tant s'en faut, à ses grandeurs futures. Il s'en alla dans un salon d'attente, et, pour charmer ses loisirs, se mit à regarder dans la cour.

Là, il vit bientôt descendre plusieurs grands seigneurs et quelques officiers généraux qui appelèrent à grands cris les gens de service, et leur ordonnèrent de charger et d'atteler les voitures de S. M. et de sa suite; ils insistèrent pour qu'on n'oubliât pas celles de la suite.

Dans ce moment le baron de Marvejols arriva, et apercevant Octave à la fenêtre, il l'appela.

— Eh bien! lui dit-il, les yeux brillants d'un feu martial, nous allons donc avoir le bonheur de défendre nos princes contre une soldatesque insurgée !

— Non, dit Octave, plusieurs de ces messieurs que voilà ont préféré en charger les cochers et leurs chevaux ; nous nous enfuyons.

Marvejols rougit un peu.

— Je suis un vieil étourdi, murmura-t-il la tête basse ; je ne pense jamais que le sang de saint Louis ne doit pas être exposé inutilement. Ces messieurs sont plus sages que moi. Mais voici un autre courrier !

C'était un capitaine couvert de poussière et de sueur, arrivant de Bruxelles.

— Eh bien ? lui cria-t-on de toutes parts.

— Eh bien!... eh bien ! les Anglais sont battus ! dit l'officier ; il paraît que les Français font des miracles, et que ces vieux coquins de goddems !... Enfin nous sommes dans de beaux draps !

L'officier disparut, à ces mots, dans le vestibule.

Cinq minutes après, Octave fut mandé par le maréchal et renvoyé à Alost avec de nouvelles instructions. Le baron voulut l'accompagner, et tous deux partirent à franc étrier.

— Mon ami, dit le colonel tout en courant, je ne désapprouve pas le zèle de ces messieurs, qui veulent mettre d'augustes existences à l'abri de tout danger ; cependant je ne puis m'empêcher de me souvenir que si, à l'armée de Condé, nos illustres chefs s'étaient ainsi laissé constamment mettre dans les bagages, nous aurions bien mal servi la gloire de la noblesse française. Il ne faut pas prendre en mauvaise part ce que je dis là, et tu dois être certain que je ne désapprouve pas les conseillers de mon royal maître. Pourtant si l'on donne quelques coups à Alost, je ne serai pas fâché d'en prendre ma part.

A Alost, les deux nouveaux venus virent le désordre qui allait augmentant. On commentait de tous côtés les nouvelles de la bataille, et, par une singularité, du reste bien concevable, on allait à la fois se félicitant du triomphe des Français et du malheur de leurs ennemis et se désolant de ce qui allait arriver.

A trois heures, des flots de fuyards parurent à l'horizon et vinrent s'abattre sur la ville, criant : *Sauve qui peut* ! Conformément aux ordres venus de Gand, le régiment royal de la couronne fut mis en bataille sur la route pour forcer les Hanovriens à rebrousser chemin ; malheureusement le régiment n'était guère en disposition de faire un bon service ; plus encore que les soldats étrangers il avait peur des Français, et les honnêtes déserteurs qui le composaient, revenant à tous propos à leur pensée du matin, laissaient échapper des signes d'une grande disposition à la mutinerie.

A quatre heures, la multitude des fuyards devint si grande, et la contenance des braves soldats de la couronne si peu rassurante pour leurs officiers, qu'il fallut faire retirer cette excellente troupe. D'ailleurs elle ne servait à rien ; la bataille, disait-on, était décidément perdue.

— Nous allons nous replier sur Termonde afin

de couvrir la retraite de ces brigands d'Anglais , disaient entre eux les officiers. Plaise au ciel qu'il n'en réchappe pas un seul. Les coquins ! Ils nous plongent dans l'abîme ! Qu'allons-nous devenir , au nom du Ciel ?

Le vieux baron partit comme un héros avec les gardes de la porte, qui furent placés en avant du pont. Là , on se tint coi, en attendant le reste de l'armée royale. Marvejols n'avait pas grande envie de se réjouir, outre que de sa nature il était peu porté à une gaîté bien expansive. Mais ce soir-là fut peut-être le plus triste de toute sa vie, sans en excepter les pires moments de ses campagnes à l'armée de Condé. Suivant lui , suivant ses calculs, la chute de Napoléon était inévitable ; car la France avait été assez punie de ses forfaits révolutionnaires, et en outre les horreurs commises envers le chef de l'Eglise demandaient un sévère et prompt châtiment. Dieu, évidemment, ne pouvait pas soutenir plus longtemps la vue d'un monstre qui avait porté la main sur tous les trônes, y compris celui de son vicaire. Etait-ce logique, raisonnable, indiscutable? Certes , oui ! Eh bien , non ! Bonaparte en réchappait, et les idées du vieux baron étaient confondues. Il se promenait les mains derrière le dos sur le pont de Termonde, à la lueur du feu du bivac , et n'ayant plus dans la tête une seule notion du juste et de l'injuste qui ne fût brouillée.

A dix heures du soir , un bruit assez singulier commença à circuler parmi les soldats ; des paysans avaient dit que les Français étaient en pleine déroute. On n'y croyait pas trop , lorsqu'à onze heures cette nouvelle se confirma. Le baron leva les bras au ciel, et s'accusa humblement d'avoir vacillé dans sa foi.

La bataille de Waterloo était livrée et les destinées de la France changées encore une fois.

Les transes du parti royaliste avaient été trop vives et son inquiétude de ne jamais revoir Paris trop fondée, pour qu'il ne profitât pas immédiatement des faveurs dont le comblait la fortune. Le roi, les princes, les grands personnages, les petits seigneurs, les officiers avec ou sans troupe, et le *profanum vulgus*, partie la moins nombreuse de la caravane, tout cela se mit en route pour rentrer dans la capitale du royaume et reprendre possession, qui de son trône, qui de ses hôtels, de ses grandes charges, de ses grosses pensions, qui de son régiment, qui de ce qu'il n'avait jamais eu, et celui-ci enfin de ce qu'il ne devait jamais avoir.

Tout le long de la route on aidait les populations, quelquefois un peu paresseuses, à pousser des cris d'enthousiasme ; mais on ne se contentait pas de cette occupation toute gratuite ; on se remuait beaucoup, on intriguait aussi quelque peu. Julien s'était fait remarquer et, avec l'aide du dévot comte de Bartas, il se remuait... comment se remuait-il ? je ne trouve de comparaison suffisante que dans un ancien dicton : il se remuait comme un diable dans un bénitier ; mais malgré ses efforts, il allait encore moins vite qu'Octave, appuyé par le double crédit du vieux baron et du marquis de Bartannier.

Ce n'était pourtant pas sans quelque ennui secret que le jeune commandant avait vu ce dernier protecteur lui faire part de son crédit. Il comprenait qu'accepter les services du marquis c'était contracter des engagements, ou plutôt resserrer ceux que son père adoptif tenait pour certain qu'il avait pris. Il témoigna plusieurs fois au baron son déplaisir au sujet des efforts du bon marquis. C'était surtout lorsque ce dernier lui disait d'un ton jovial : Nous réussirons! que le pauvre Octave sentait combien la solidarité d'intérêts s'établissait de plus en plus et devenait menaçante. Il prévoyait la nécessité d'un effort bien vigoureux et bien dangereux lorsqu'il faudrait échapper au bonheur auquel tout le monde s'habituait à croire d'avance. Vingt fois il fut sur le point de se déclarer ouvertement ; mais lorsqu'il jetait les yeux sur ce qui se passait autour de lui, et qu'il voyait tant d'affamés prêts à se jeter sur la proie abandonnée par lui, lorsqu'il considérait surtout que beaucoup de ces pauvres gens, faute d'une protection efficace, étaient à peu près assurés de perdre les avantages précaires à peu près acquis par leurs services pendant la courte campagne qui se terminait, il s'arrachait les cheveux, il se plongeait dans le désespoir le mieux senti, mais il ne se trouvait pas le courage de redevenir sous-lieutenant et de retomber de tout son poids, augmenté de celui d'une disgrâce, dans l'abîme de misères d'où il s'était à peine tiré. Ainsi donc il se désolait, mais il laissait faire, et le baron et le marquis, excités par l'émulation, sollicitaient du matin au soir, et sollicitaient encore dans la nuit, et eussent volontiers sollicité en dormant.

—Tu marches comme un ange, dit Julien à Octave, tu vas un pas de géant, et je te demande ta protection. Te souviens-tu de l'accord que nous avons fait? Moi, j'ai tenu les conditions de notre alliance, je t'ai fait chef d'escadron; il faut que tu m'aides à entrer dans la maison du roi.

— Je ne demande pas mieux, répondit Octave; mais il me semble que ton oncle s'agite joliment: il est toujours installé auprès du duc de R*** ou du comte de G***; il ne quitte un homme en faveur que pour s'accrocher à un autre.

— Et il fait bien, dit Julien; mais le malheur est que le damné vieillard ne travaille pas seulement pour son pauvre neveu; il a aussi ses visées personnelles : il voudrait être maréchal de France.

— C'est un peu beaucoup, repartit Octave.

— Enfin c'est sa marotte; laissons-le s'agiter, puisque nous ne pouvons lui persuader de se sacrifier entièrement à mes intérêts. Revenons à moi. Je voudrais non-seulement entrer dans la maison militaire, mais je voudrais aussi qu'on m'accordât une fourniture.

— A toi?

— A moi. Que veux-tu? je sais bien que ce n'est pas chevaleresque, mais c'est très-profitable, et je me sens en humeur de passer des marchés; c'est le moyen d'amasser sûrement et promptement une grosse fortune.

— As-tu des fonds?

— Pas un rouge liard; mais je trouverai aisément à Paris des prêteurs ou des associés, comme tu voudras appeler la classe aimable de ces gens d'argent qui spéculent en sous-ordre. Bref, si ton père futur veut seulement me recommander à tel et tel que je t'indiquerai, comme je sais pertinemment que nul ici n'a encore pensé aux fournitures, et que tout le monde s'acharne uniquement sur les emplois et sur les grades, je serai le premier en date, et on me donnera ce que je demande.

— Je me garderai, repartit Octave, de parler au baron; il ne comprendrait pas qu'un gentilhomme se mît dans les tripotages d'argent; mais j'en soufflerai deux mots à M. de Bartannier, et nous verrons.

Octave avait eu l'idée de faire confidence à Julien de son amour et de ses embarras; mais sitôt qu'il considérait la physionomie vive, animée du feu de la convoitise, ces yeux secs, cette lèvre ironique, il sentait la confidence effrayée déserter ses lèvres et regagner en désarroi le fond de son cœur.

— Décidément, se disait-il, je ne vois personne autour de moi qui puisse recevoir de pareils aveux. Où est mon pauvre Marcel? il me comprendrait, celui-là! Avec son sang-froid et ses réflexions moroses, il est plein de sensibilité et de douceur; il me donnerait quelque rude conseil peut-être, mais je pourrais être convaincu de la sincérité du cœur d'où serait sortie la boutade. Décidément, il faut me taire et souffrir jusqu'à ce que je voie Marguerite, ce qui, je l'espère, ne sera pas long.

Octave avait formé le projet hardi de courir auprès de sa cousine. Il était résolu depuis quelques jours à prendre un de ces partis préparatoires que les amants aiment tant à se proposer, parce qu'ils en tirent le droit d'attendre et de ne rien résoudre.

— Je vais arriver à Paris, s'était dit Octave. Au bout de quelques jours, j'irai trouver le baron; je lui annoncerai que je veux aller saluer mon oncle : il ne verra dans cette démarche rien que de très-naturel. D'abord, il a une vieille candeur qui ne lui permet pas de regarder au fond des paroles de ceux qu'il aime, ensuite il sera heureux de me voir tenir à mes proches, et enfin je ne lui ai jamais donné aucun détail sur l'état actuel de ma famille, je n'ai pas voulu lui parler de Bahurot, donc il ignore jusqu'à l'existence de Marguerite. Il pourrait, à la vérité, m'objecter la nécessité de surveiller mes intérêts moi-même; mais je le connais, et il sera tout heureux de me voir m'abandonner complétement à lui. Quand je serai auprès de Marguerite, tout mon avenir sera fixé; il ne me faudra pas une heure pour démêler la route que je dois suivre, et, je le jure, quoi qu'il m'en puisse coûter, soit qu'il faille renoncer à une affection ou mal partagée ou trop faible en mon propre cœur, soit qu'il faille élever le triomphe d'un amour noble et complet sur les ruines de ma fortune, je le jure, je n'hésiterai plus. Si Marguerite m'aime, si elle m'aime sincèrement, entièrement, aveuglément, passionnément; si je vois une femme que mon abandon plongerait dans la douleur, qui m'a pris pour base de ses pensées, qui me regarde comme le maître de son avenir, encore une fois, cent fois, je le jure, je n'hésiterai pas une minute à lui prouver que je l'adore sans arrière-pensée, et que je suis heureux de lui sacrifier tout au monde. Je me connais mieux que Marcel. Je sais bien que cet abandon du rêve de toute ma vie me coûtera quel-

que chose, et que pendant une ou deux semaines
à travers l'extase de l'amour, il percera des regrets
ardents et brûlants; mais je sais aussi que la volonté ferme et inébranlable de ne pas accueillir les
criailleries de mon orgueil déçu ne tardera pas à
me rendre le calme, et si un jour je venais à ne
plus aimer Marguerite d'un sentiment aussi passionné, et à n'avoir plus pour elle que cet attachement tendre et doux, bonheur négatif, pis-aller
misérable qui n'a jamais suffi aux âmes vives, je
sais bien encore ce que je sentirais dans mon âme
pour remplir le vide qui s'y serait creusé. Ce que
j'y sentirais, ce serait mon sacrifice, la fierté de
mon dévouement et la vue du bonheur que je don-
nerais.

Ainsi raisonnait Octave. Voilà les rêves insensés
du cœur et la lutte impossible que les âmes ro-
manesques ont la folie d'établir sans cesse entre la
réalité et l'idéal! Pourquoi la nature a-t-elle placé
dans le sein des plus faibles et des plus vains d'entre nous cette fougue aveugle qui les porte à combattre leur propre essence pour servir des fanta-
sies passagères? Le cœur emporté par l'amour, et
rempli pourtant de sentiments d'une autre sorte,
ressemble à un vaisseau conduit par un pilote
ignorant, et qui, lancé sur un fleuve majestueux,
en abandonne les eaux profondes pour s'engager
sur les flots turbulents d'un torrent de montagne
par lequel, tôt ou tard, il est déposé, à moitié
rompu, sur une rive rocailleuse. A quoi sert-il de
se tromper soi-même? On a bien mal arrangé les
choses de la vie en louant outre mesure les passions qui sont le partage de la jeunesse, qui four-

voient l'âme et ne l'accompagnent jamais dans l'âge mûr. Malheur alors aux esprits sans vraie vigueur, attachés pour toujours à un goût qui doit finir ; mieux vaudrait pour eux, mieux vaudrait pour la femme objet de leur sacrifice, qu'ils eussent un cœur plus insensible ! Mille douleurs, mille malheurs seraient ainsi épargnés.

Peu de jours après l'arrivée à Paris, la joie fut grande pour Ternove comme pour de Soilles. Julien se vit placé dans les gardes du corps avec son grade de capitaine, et, de plus, doté, grâce à Octave, de la fourniture des huiles de la maison du roi. Gare la tache ! avait dit à ce sujet M. de Bartannier, ami déclaré des jeux de mots. Pour Octave, il fut également reconnu dans son grade de chef d'escadron, avec promesse certaine d'être fait colonel à la première occasion, et pour preuve qu'on voulait lui tenir parole, il fut attaché à la maison d'un des princes. Enfin la pairie fut donnée au vieux baron, et le mariage parut en perspective comme la suite immédiate de l'adoption.

— Voilà, se dit Octave, tout organisé pour le mieux. Il n'y a pas de temps à perdre. Si mon voyage tourne au gré de mes sentiments les plus chers, je ne serai ni baron, ni pair de France, ni colonel, mais au moins je serai chef d'escadron. Quant à Julien, j'imagine que mon cher ami est satisfait et va se tenir en repos pour quelque temps.

Julien, en effet, était assez content.

— Mon cher enfant, disait-il à Octave, imagine que j'ai soutiré à mon oncle les roubles gagnés et économisés par lui en Russie, et que cette somme, assez ronde, jointe à quelques petits emprunts, me met à même de faire une spéculation qui dépassera toutes mes espérances. Je ne te demande plus qu'une chose, c'est de m'établir sur un bon pied d'intimité chez Marvejols et chez Bartannier, dont je me flatte déjà d'avoir gagné l'affection par le piquant de mes calembredaines.

Comme un matin, la veille de son départ pour Ternove, Octave tournait le coin de la rue de Chartres, il se trouva en présence d'un jeune homme vêtu d'une redingote bleue boutonnée jusqu'au cou et fort râpée, lequel lui saisit le bras et lui cria dans l'oreille :

— Je suis, mordieu ! charmé de te voir !

— C'est toi, Marcel, dans ce triste équipage ? Et d'où, diable ! sors-tu ? Quel métier fais-tu ?

— Brigand de la Loire, mon ami, dit Marcel tout bas. Je suis sans ressources et je compte sur toi.

Octave fut attendri jusqu'aux larmes ; grâce aux spéculations de Julien, il ne manquait pas d'argent ; d'ailleurs il avait bien fallu qu'il menât un train de vie conforme à sa brillante situation.

— Pauvre Marcel ! s'écria-t-il en embrassant son ami. Tu as été licencié avec les autres ; je te ferai replacer.

— Nous avons du crédit ?

— Pas mal.

— Nous sommes dans les honneurs ?

— Bientôt.

— Alors prête-moi de l'argent.

Octave conduisit Henri chez lui.

— O revers, ô faveurs de la déesse Fortune !

s'écria Marcel du ton demi-bouffon, demi-sérieux qui lui était familier, je ne m'attendais pas, en sortant ce matin de mon bouge, à entrer dans un appartement aussi fastueux !

La conversation, comme on le peut croire, fut longue, approfondie et sans réserve dans les confidences. Elle dura jusqu'à cinq heures du soir. A cinq heures, Octave alla faire ses adieux au vieux baron et à la vieille baronne qui l'embrassèrent en pleurant, ni plus ni moins que si leur favori partait pour un voyage de plusieurs années.

A huit heures du soir le coupé de la diligence s'ouvrit pour Octave et pour Marcel et voilà les deux officiers en route vers Ternove.

CHAPITRE XIII.

Octave éprouva mille sensations délicieuses en découvrant, d'un tournant de la route, le domaine de ses pères, et il tâchait de faire comprendre son émotion à Marcel.

Mais celui-ci, enfoncé dans un coin de la petite voiture louée par le commandant au sortir de la diligence, gardait l'attitude morne qu'il avait prise à la fin de l'explication entre Octave et lui. Il n'avait pas été d'avis que Ternove quittât ses affaires pour retourner à son intrigue ; son intrigue, je dis bien ; Marcel allait même jusqu'à appeler *amourette* ce que son ami tenait fermement pour une grande et invincible passion. Il lui avait remontré par cent raisons diverses que son devoir d'homme d'honneur le devait obliger à rompre sans retard et absolument une liaison qui ne pouvait avoir que les conséquences les plus funestes, non-seulement pour lui, mais pour Marguerite. Décidément, jamais tendresse ne fut plus combattue. N'était-ce pas un motif de plus pour qu'elle conservât sa force.

Marcel avait prévenu son ami qu'il fallait s'attendre à trouver à Ternove bien des choses changées. L'attaque d'apoplexie du vieux Bahurot n'avait pas eu des conséquences mortelles, mais elle avait mis le meunier dans un tel état, qu'il lui était devenu impossible de régner désormais en maître absolu. Avant le départ de Marcel pour l'armée, l'ordre dans la maison s'était établi de telle manière, que Gérard avait été chargé des affaires intérieures, tandis que Marguerite surveillait ce qui se passait dans les murs du domaine; on se partageait l'empire d'Alexandre.

La voiture s'arrêta devant le perron ; Marcel et Octave descendirent. Personne ne vint à leur rencontre, personne ne parut.

— Je suis d'avis, dit Marcel, que tu te promènes un instant de long en large sur cette terrasse; moi, j'irai prendre langue. Si Bahurot est mort depuis mon départ, tu pourras entrer tout droit; si, au contraire, le brave homme s'est remis de la catastrophe, tu ne feras pas mal de gagner mystérieusement le petit bois, où je t'enverrai ton oncle et ta cousine. Tu comprends, j'aime à le croire, qu'il serait fort déplacé de faire le rodomont avec un impotent.

— Allons, trêve de conseils, repartit Octave,

j'en passerai par tout ce que tu voudras ; mais hâte-toi, je brûle d'impatience.

— C'est bon, continua Henri, reste ici ; et si tu ne me vois pas sortir à l'instant, commence ta retraite et gagne le couvert.

Marcel monta les degrés de la terrasse, ouvrit la porte du salon et la referma derrière lui.

Octave, le cœur tout entier suspendu aux mouvements de son ami, conclut d'abord de cette manœuvre que le vieux Bahurot vivait encore; puis il pensa :

— Qui sait? peut-être mon oncle et Marguerite ne se tiennent plus dans le salon.

Il attendit. Marcel ne reparaissait pas.

— Allons, le meunier n'est pas mort! s'écria-t-il avec colère.

Et tournant sur ses pas, il se dirigea d'un air mélancolique du côté du petit bois.

— Et voilà, se disait-il, comme il me faut aborder ma propre maison; semblable à un voleur qui n'ose se montrer, à un séducteur de filles qu'on peut mettre à la porte! Tout cela finira! Il faut que tout cela finisse!

Cependant Marcel était entré et avait trouvé toute la famille réunie. Son apparition avait causé une surprise générale et excité des sentiments divers. Chacun avait conclu, en le voyant, qu'Octave ne devait pas être loin.

Auprès d'un feu allumé dans le vaste foyer était assis Bahurot, enveloppé de laine et de flanelle, et entortillé dans son fauteuil comme un enfant. Il n'avait plus, ce brave meunier, les mouvements brusques, l'air insolent, l'œil vif qu'on lui a connus au commencement de cette histoire. Entortillé d'un air sombre dans ses couvertures, il ne ressemblait pas mal à un sanglier qui sent venir sa fin et qui, sans se résigner, se tient immobile dans sa bauge. A l'aspect de Marcel, il y eut dans tout son être un mouvement nerveux ; sa vieille physionomie reprit une passagère activité, il attacha des regards durs sur le nouveau venu, mais il ne parla pas.

— Comment va M. Bahurot? dit Henri à Marguerite, après les premiers saluts.

— Il ne va pas bien, répondit froidement la jeune fille, et il ajoute encore à son mal, parce qu'il ne veut presque pas être soigné ; il ne se laisse un peu convaincre que par la vieille Brigitte, notre laveuse de vaisselle. Du reste, il ne parle jamais.

— Il n'a pas grand tort, le brave homme, reprit Gérard, car, depuis le retour du roi, on ne vante plus beaucoup Bonaparte, et vous savez que notre gas n'avait pas d'autre nom à la bouche !

— Enfin, M. Bahurot, continua Marcel en se tournant vers le malade et en s'asseyant à côté de lui, j'espère que vous irez mieux, et que d'ici à peu de jours nous nous promènerons ensemble sur la terrasse.

Bahurot leva un peu la tête, fit signe à Henri d'avancer son oreille, et lui dit aussi haut que sa faiblesse le lui permettait, ce qui était pourtant tout bas et difficile à entendre :

— Qu'est-ce que vous venez chercher chez moi ?

Marcel eut grand'pitié de cette violence de haine et de cette ténacité. Il prit un air aussi gracieux que possible (il ne lui était pas facile, à lui non plus, d'avoir l'air gracieux) :

— M. Bahurot, dit-il, soyez tranquille, je ne resterai pas longtemps; mon régiment est en garnison près d'ici, je suis venu vous faire une petite visite d'amitié.

Le malade répondit à ces phrases conciliantes par un regard plein de méfiance, et Marcel, se trouvant quitte envers lui, se tourna vers Gérard.

— Je vous avoue, mon capitaine, dit-il au vieil officier, que je viens de faire une assez longue course, et que je ne serais pas fâché de savoir si j'aurai une chambre ce soir.

Marguerite comprit et coupa la parole à son père qui allait offrir à Marcel d'aller prévenir les domestiques.

— Si vous voulez venir avec moi, dit-elle, nous irons prévenir Thomas de votre arrivée. Mon père, vous voudrez bien tenir compagnie quelques minutes à M. Bahurot.

Sans attendre la réponse du bon Gérard, fort peu charmé de son emploi, Marguerite sortit du salon suivie de Marcel. A peine deux portes furent-elles fermées, qu'elle se retourna et dit d'une voix profondément émue :

— Il est ici?

— Oui, mademoiselle, Octave est ici.

— Où?

— Dans le bois.

— C'est bien ; je vais rentrer dans le salon à l'instant, afin que M. Bahurot ne prenne pas de soupçons. Courez dire à Octave de se tenir là sans sortir, sans se montrer; j'irai lui parler dans une heure.

— Et si les domestiques le voient se cacher, comme ils le verront certainement, vous serez compromise? Cela vous est égal?... A merveille! Aussi bien vous êtes fous tous les deux, n'en parlons plus.

Les deux alliés se séparèrent : Marguerite pour retourner auprès de Bahurot, Marcel pour aller faire un tour dans le petit bois.

Il fut moins étonné que contrarié d'y trouver Octave en grande conversation avec Thomas.

— Oui, monsieur, disait celui-ci, Bahurot a été quinze jours entre la vie et la mort; si bien que l'on faisait des neuvaines par tout le pays pour qu'il trépassât. Pourtant le gueux, sauf votre respect, en a encore réchappé! On croit qu'il y a des sorts sur lui. Mais il ne parle plus! ah! dame! il ne parle plus! preuve qu'il est protégé du diable.

— Merci, Thomas! merci, mon garçon! Voilà M. Marcel qui me cherche; ne dis à personne que tu m'as vu.

— Ah! pour ça, monsieur, vous pouvez bien être sûr... Car enfin, nous savons tous qu'un jour... Ah! dame! c'est que vous êtes le vrai maître ici; je l'ai toujours dit, comme chacun peut vous l'assurer! Et encore, c'est que mademoiselle Marguerite... Dame! je sais bien ce qu'elle pense, mademoiselle Marguerite!

— C'est bon, c'est bon! s'écria Octave peu flatté d'avoir tout le pays pour confident. Va t'en, et ne dis rien.

Thomas partit, et, arrivé dans la cuisine de la

maison, il réunit tous les domestiques autour de la nouvelle piquante qu'il avait promis de ne pas divulguer. Pourtant il recommanda le secret à chacun.

Tandis que l'arrivée d'Octave était l'objet des commentaires de la gent servile, le commandant s'entretenait avec Marcel qui venait de lui faire part des intentions annoncées par sa cousine.

— A merveille, dit Ternove, je l'attendrai, et toi, que vas-tu faire?

— Je vais rentrer précipitamment au salon pour que Bahurot se tienne en paix, le pauvre homme. Je suis convaincu qu'il se doute de quelque intrigue, et il est capable d'en étouffer sur place. Je souhaite m'épargner des remords s'il vient à mourir.

— Allons, va-t'en, répondit Octave. On fera de son mieux pour prendre patience. Mais que devenir? Me promener? je ne peux pas; ce bois est grand comme la main. Je risque d'être aperçu si j'en sors. Allons, va-t'en! Je vais me calmer.

Quand Marcel fut parti, Octave fit en effet tous ses efforts pour se tranquilliser. Il marcha pendant cinq minutes devant le banc de gazon, ornement du milieu du bois; il s'assit sur une souche dépouillée et se mit à examiner curieusement une fourmilière. Il compta les arbres qui l'entouraient, il eut recours à tous les moyens connus et inconnus pour tuer le temps. Entre autres, il tira sa montre très-souvent. Il arriva ainsi à passer une heure et demie; au bout de ces quatre-vingt-dix minutes, il était exaspéré. Mais trop sage pour faire un esclandre, après avoir poussé une reconnaissance inutile jusqu'à la lisière du bois en face du château, il revint s'étendre sur le banc et s'efforça de dormir. Il réussit à tomber dans une espèce d'immobilité pleine d'images bizarres, de projets fantasques, de visions ridicules ou terribles, de trouble, de fatigue et d'ennui. Soudain il entendit du bruit ; il se releva brusquement et le cœur plein d'une joie fougueuse : c'était Marcel.

— Au diable ! s'écria-t-il. Où est Marguerite ?

—Elle ne peut pas venir, répondit le lieutenant. Cet abominable Bahurot est un vrai Satan. Il se doute de quelque chose, et deux fois il a péremptoirement défendu à sa petite-fille de sortir du salon.

— Pourquoi avoir obéi ? dit Octave furieux.

— Parce qu'on ne peut pas faire à tout moment du scandale, et qu'il y a conscience à tuer à coups redoublés un misérable que la fureur acheverait, et qui ne sait pas se contenir. Bref, Marguerite me charge de te dire de ne pas penser à la voir d'aujourd'hui, si ce n'est dans la soirée.

— Pour Dieu ! que vais-je encore devenir jusque-là ? demanda Octave d'un air abandonné.

— Tu deviendras ce que tu pourras ! s'écria Marcel en colère ; je ne sais, vraiment, que faire de toi ! Un enfant aurait plus de raison. Tu as voulu venir ici, quand tu aurais dû rester à Paris ; t'y voilà, et tu me montres une mine de déterré, parce que tout ne s'arrange pas à ton gré ? Que diable ! on se domine, on se raisonne, on se représente les choses comme elles sont ! Tu trouves les ennuis que je t'ai dépeints, et encore ils ne font que commencer. Tu as voulu faire l'amour, mon cher Céladon ? fais l'amour !

Marcel tourna le dos et regagna la maison, renfermé dans sa mauvaise humeur.

Pour lui, qui n'était nullement amoureux, qui avait le cœur dans l'état le plus calme et le plus prosaïque du monde, pouvait-il se trouver une situation plus déplorable que de passer le temps face à face avec les restes intellectuels du père Bahurot et du vieux Gérard? Quant à Marguerite, elle lui causait une autre sorte d'ennui; c'était, pour mieux dire, la partie irritante de sa situation. Il la trouvait à demi folle, et lorsqu'il ne pouvait le lui dire des lèvres, il l'en assurait des yeux. Aussi Marcel était-il très-mal satisfait.

Assis dans un fauteuil, vis-à-vis du meunier, il gardait le silence réfléchi qui, en tout temps, lui était ordinaire; mais il se sentait observé par Marguerite; elle le regardait de temps en temps par-dessus sa broderie; elle tenait (faiblesse bien naturelle!) à ce qu'il partageât ses inquiétudes et son chagrin, et lorsqu'il évitait ses regards tristes, il trouvait les yeux féroces de Bahurot attachés sur lui et cherchant à s'assurer par un geste, par un clin-d'œil, de la vérité. La journée avait paru à chacun composée de deux ou trois journées ordinaires, et ce fut avec un sentiment de joie tout particulier que les hôtes du salon virent baisser la clarté. Du moins c'était un changement, et un changement qui annonçait que bientôt on pourrait se séparer.

Marcel, un peu préoccupé du sort du pauvre Octave, saisit avidement un prétexte pour aller, disait-il, faire un tour dans sa chambre. Quand

Henri arriva auprès du commandant, il le trouva encore en grande conférence avec Thomas.

— Voilà ce brave garçon, dit Ternove, qui me donne un conseil assez bon, ce me semble.

— Voyons le conseil de Thomas.

— Je disais à M. Octave qu'il ne pouvait pourtant pas rester ici toute la soirée et se passer de souper. La nuit est close, il ferait bien de venir à la maison, où personne ne le verra entrer, et d'aller dans sa chambre.

— Il faudra toujours en finir par là, répondit Marcel d'un ton bourru. Le malheur est que tu passeras devant la fenêtre du salon.

— Bah ! les volets sont fermés, reprit Thomas.

— D'ailleurs, tu ne peux pas coucher ici; voilà qui est certain. Ainsi donc, en route !

Quand les trois alliés furent arrivés devant la maison, Marcel dit aux autres :

— Faites le moins de bruit possible.

— Qu'importe? dit Octave ; voilà bien des précautions pour pas grand'chose !

— Je ne me soucie nullement de lutter contre un homme à demi mort, répliqua sèchement Marcel ; il est de certains moments où l'on doit ménager même le plus misérable ennemi. J'ai failli tuer Bahurot. Ne l'achevons pas ! Si cela te déplaît, je te le demande comme un service personnel : laisse ce vieillard finir en paix.

Malgré la volonté d'Octave de céder à un désir si vivement exprimé, le passage ne put s'effectuer sans que le grincement du sabre ne trahît les conjurés et ne fît même connaître les précautions qu'ils prenaient pour n'être pas entendus.

Marguerite entendit très-bien, et, émue au fond du cœur, elle leva les yeux sur son grand-père, qui tout à coup s'était à moitié soulevé dans son fauteuil, et, le regard et le doigt levés vers l'endroit où l'on entendait les pas, avait vivement repris à la vie. Au bout d'un instant, le silence revint.

Bahurot fit signe à sa petite fille d'approcher. Elle obéit.

Le vieillard lui dit tout bas :

— Ce scélérat d'Octave est ici. Epouse le fils de mon notaire qui a trois cent mille francs de capital, ou sinon je te donne ma malédiction ! Double ma fortune, coquine, ou je te déshérite !

Marguerite ne répondit pas un mot et alla reprendre sa place à côté de son père. On alla se coucher. Bahurot fut emporté par Pierre et sa vieille domestique favorite, qui tous deux remarquèrent avec stupeur que le meunier avait les joues couvertes de larmes. C'était la première fois qu'il pleurait.

— Maintenant, je vais voir Marguerite enfin ! s'écria Octave lorsque Marcel parut dans sa chambre.

— Oui, viens, répondit celui-ci, elle t'attend chez son père.

— J'eusse mieux aimé lui parler seul à seul, dit l'amoureux dépité.

— A quoi bon ? répliqua Marcel. Ta cousine pense que vous n'avez rien à vous raconter en secret. Dans les termes où vous êtes placés vis-à-vis l'un de l'autre, plus votre situation sera nettement expliquée et comprise de chacun, mieux cela vaudra.

— A coup sûr! s'écria Octave; Marguerite a raison et toi aussi. Mon oncle et un témoin tel que toi ne peuvent être de trop, et vous verrez avec quel bonheur je vais lier ma vie.

Marcel conduisit Octave chez Gérard.

Auprès de la fenêtre était assise Marguerite. Le vieux gentilhomme se promenait dans la chambre. Lorsqu'il aperçut son neveu, il courut à lui, le prit par la tête et l'embrassa avec la plus vive tendresse.

— Ah! dit-il en pleurant, mon cher Octave, mon cher enfant, te voilà donc revenu!... et dans les honneurs, et apprécié de nos princes! Tu es un vrai Ternove, toi, et non pas un être dégénéré comme moi! Tu fais honneur à la race du vieux Antonio! Mon bon Octave, mon ami!... Embrasse Marguerite! Voilà que ce scélérat de Bahurot va nous fausser compagnie, alors la maison reprendra son lustre, elle sera dignement habitée. Mais, dis-moi, es-tu toujours dans les mêmes sentiments? veux-tu toujours épouser Marguerite? Réfléchis que rien ne t'y force, et que tes biens sont à toi. Aussitôt Bahurot parti, tu es ici le seul maître; ainsi, encore une fois, tu es bien libre.

— Mon oncle, vous êtes un modèle d'honneur. Si vous voulez bien me considérer comme le fiancé de Marguerite, je serai le plus heureux des hommes. Bien entendu que le consentement de ma cousine est indispensable. Ou plutôt expliquons-nous. Dans la position où je me place, il me semble que je puis être franc et demander la même franchise.

— Très-bien! s'écria Gérard radieux.

— Nous ne sommes pas ici pour nous faire des compliments, continua Octave. Dites-moi, ma chère Marguerite, si vous croyez à notre bonheur futur, si vous avez assez de confiance en moi pour m'abandonner votre avenir sans arrière-pensée, si vous comprenez assez bien mon affection pour être assurée que ma tendresse ne doive pas vous devenir importune.

Marguerite regarda son père en souriant.

— Eh bien! lui dit-elle, vous ne répondez pas?

— Ah! il paraît, s'écria Gérard, que c'est à moi à répondre aux douceurs qu'on vous dit, ma belle demoiselle? Je ne sais trop si je m'en acquitterai convenablement; mais enfin je m'en acquitte. Mon cher ami, cette petite personne m'a assuré vingt fois, c'est-à-dire toutes les fois que je le lui ai demandé, qu'elle avait pour toi une affection entière, et qu'elle serait très-heureuse si tu la prenais pour femme. Mordieu! j'y consens! Eh bien! Marcel, vous restez là planté contre la cheminée, sans dire mot?

— Si fait! j'écoute.

— Mais, philosophe que vous êtes, ce n'est pas assez que d'écouter, on vous permet de vous en mêler.

Marguerite, le teint animé par la joie, les yeux brillants, jeta un regard de reproche triomphant sur le prophète convaincu de mensonge, et, comme pour le confondre davantage, dit à Octave :

— Je suis bien heureuse que votre avenir se soit éclairci cependant. Vous êtes chef d'escadron; jeune et protégé, vous réussirez très-bien, n'est-ce pas ?

— Je l'espère, répondit Octave en étouffant un soupir, car il pensa à la douleur de Marvejols, à la colère de Bartannier, et il ne voulait pas avouer à sa promise tout ce qu'il allait perdre pour elle.

Quant à Marcel, il ébaucha un compliment général qui satisfit tout le monde, car on ne faisait grande attention ni à lui ni à ses paroles, et le mariage fut décidé.

On n'avait plus à désirer que la disparition de Bahurot, qu'on était en droit de tenir pour prochaine. Octave assurait aussi qu'il lui fallait, de toute nécessité, faire un voyage à Paris, ne fût-ce que pour obtenir la permission du ministre de la guerre et prendre différentes mesures indispensables pour assurer son avenir. On décida qu'il partirait le lendemain, et qu'à tout hasard on se pourvoirait immédiatement des dispenses nécessaires pour son mariage.

Dans la chambre de Bahurot il se passait une scène fort différente. Les deux domestiques ayant déshabillé leur maître, l'avaient couché. Le meunier n'avait pas cessé un seul instant de pleurer, et il avait fini par sangloter. Pierre, qui en avait une peur affreuse, n'osait risquer aucune observation ; mais la vieille Brigitte était moins craintive.

— Dites donc, M. Bahurot, dit-elle à la fin,

pourquoi pleurez-vous comme un enfant au maillot ?

Bahurot fit signe à la vieille femme de se pencher vers lui, et il marmotta en sanglotant :

— Crois-tu qu'il soit bien gai, Brigitte, après avoir travaillé pendant toute sa pauvre vie, de perdre sa pauvre fortune comme je vais faire. Moi, j'espérais la voir doublée avant que de mourir, et je suis sur le point d'être volé par ce mendiant d'Octave, qui va épouser Marguerite ! Crois-tu que ce soit bien ? Laisse-moi ; va-t'en !

— Vous me ferez du bien dans votre testament, n'est-ce pas, M. Bahurot? dit la harpie.

— C'est bon ; va-t'en !

Quand Bahurot se trouva seul, il éprouva un tel accès de rage, qu'il trouva la force de se soulever sur son lit. Qui peut savoir les pensées heurtées dans ce cerveau troublé par la maladie et la fureur? Peut-être méditait-il quelque vengeance terrible. Il étendit le bras vers le flambeau qu'on lui avait laissé, et l'attira à grand'peine vers son rideau, qui prit feu ; puis il se laissa retomber sur son lit en riant avec colère. En quelques instants, le vieux meunier agonisant se trouva sous un dôme de flammes.

CHAPITRE XIV.

La flamme se concentra pendant quelque temps dans la chambre du frénétique Bahurot. De ses langues destructives elle alla toucher le lit et les meubles les plus proches, et dévora tout en silence. A mesure qu'elle s'étendait, elle acquérait plus de force et d'audace, et rampant sur le parquet, se courbant sous le plafond, elle sifflait comme un serpent à travers des nuages épais de fumée. Ainsi allumé au milieu de la nuit, l'incendie, à coup sûr, aurait servi fidèlement la rage vindicative du meunier, et, comme les anciens rois d'Asie trahis par le sort des batailles, l'ambitieux jacobin aurait eu la joie de voir mourir son empire avec lui et des victimes suivre ses funérailles ; mais le hasard, ce contradicteur ordinaire des potentats et des meuniers, ne permit pas que ce projet grandiose pût s'accomplir.

Le valet de ferme aperçut de sa lucarne une grande lueur rouge resplendir dans la chambre de M. Bahurot. La pensée et la crainte du feu, si familières aux habitants de la campagne, lui vinrent aussitôt dans l'esprit; il sauta à bas de son lit, à demi vêtu, vint carillonner à tour de bras à la porte du manoir, en criant comme un possédé:

— Au feu! au feu! M. Gérard! M. Octave! au feu! M. Marcel, au feu! Ohé, Thomas! Pierre! La maison brûle! Ouvrez donc, fainéants! La vieille maison est en flammes!

Ce terrible vacarme ne tarda pas à pénétrer jusque dans la chambre de Gérard, où se tenait une conversation pourtant si absorbante. Marcel, appuyé toujours contre le marbre de la cheminée, fut le premier dont les oreilles en furent frappées.

— Que se passe-t-il? s'écria l'officier en ouvrant la porte.

Il n'eut besoin de demander à personne des renseignements nouveaux. La fumée, passant sous le seuil, remplissait déjà le corridor. S'il restait du temps pour porter secours, il n'en restait guère. Marcel, par un cri terrible, par un appel énergique, mit fin à la conversation des amoureux et aux extases du bonhomme Gérard. Tous, après lui, s'élancèrent hors de l'appartement et coururent vers la chambre de Bahurot. Pendant ce temps, les coups redoublés du valet de ferme avaient enfin réussi à dissiper le sommeil de Pierre et de Thomas, et à appeler aux fenêtres des mansardes les visages et les cornettes effarouchés des servantes. Toute la maison se trouva sur pied ; l'entrée fut ouverte au vigilant gardien du salut public, et le plus grand, le plus heureux tumulte succéda au repos dangereux qui avait favorisé les premiers progrès de l'incendie.

Marcel, comme on a pu l'observer déjà dans les différentes phases de cette histoire, était l'homme de situations pareilles. Son sang-froid natif, son imperturbable tranquillité d'âme, le mettaient d'abord de plain-pied avec les catastrophes les plus imprévues ; et n'ayant besoin de perdre aucune minute à se calmer lui-même, il était toujours prêt à faire rentrer dans l'ordre tout ce qui s'en écartait, ou du moins à tenir tête au péril. Le premier, il avait entendu les cris ; le premier, il était arrivé dans le corridor ; le premier enfin, franchissant en courant l'espace assez long qui séparait l'appartement de Gérard de celui de son beau-père, il avait pénétré, malgré les flammes, jusqu'au lit de Bahurot. Arracher le paralytique au foyer de brandons et de flammes qui pétillaient autour de lui avec rage, et le charger sur ses épaules, ce fut à peine l'affaire d'un instant. L'officier, à demi étouffé, s'élança avec son fardeau et se heurta contre Octave, qui allait criant :

— De l'eau ! apportez de l'eau !

— Prends le bonhomme, lui dit Marcel ! mets-le en sûreté, n'importe où ; il faut jeter par terre le dais du lit. De l'eau ! de l'eau !

— Eh ! c'est ce que je demande à cor et à cri !

—Apportez donc de l'eau, malheureux ! de l'eau, et une hache !

Les valets avaient, comme c'est l'usage, à peu près perdu la tête. Octave emporta Bahurot et alla le mettre sur un lit dans une chambre placée à l'autre extrémité de la maison, puis il revint en toute hâte. Marcel suppléait aux secours, qui n'arrivaient que lentement, par l'intrépidité de son zèle ; il arrachait les rideaux enflammés avec ses mains, et s'agitait au milieu du feu comme s'il eût été de la race des salamandres. Enfin la pompe fonctionna ; les seaux commencèrent à circuler ; Gérard, descendu dans la cour, avait réussi à organiser du puits à la chambre une espèce de chaîne, et lorsque Octave et son ami eurent bravement joué de la hache, que les meubles, les tentures, les boiseries, brûlés, déchirés, souillés, eurent été jetés pêle-mêle par les fenêtres dans le jardin, on put espérer avec quelque raison de sauver le manoir.

En effet, deux heures de travail, grâce à l'épaisseur et à la solidité des murs, suffirent pour borner l'action du feu, et vers le matin tout danger ayant disparu, les dernières flammèches étant éteintes, les deux jeunes gens, noirs comme des cyclopes, cheveux et mains brûlés, couverts d'habits déchirés, entrèrent dans la salle où l'on avait porté Bahurot, et où Marguerite et une servante s'étaient retirées. Peu d'instants après arriva Gérard, qui, de son côté, revenait couvert de gloire par la manière distinguée dont il avait dirigé les travaux de la chaîne.

Marguerite était surtout préoccupée du sort de son fiancé, et en le voyant reparaître dans un si effroyable désordre, elle eut un moment d'angoisses réelles et le crut dangereusement blessé ; elle voulut à toute force considérer elle-même la gravité des brûlures d'Octave avant de se laisser aller à aucune félicitation ; elle en fit de même pour Marcel, et ce ne fut qu'après s'être assurée que son amant et son ami ne garderaient aucune trace fâcheuse de leur courage qu'elle consentit à entendre que la maison était sauvée et que le dégât n'avait même que fort peu d'importance.

— Mais Bahurot ? demanda Marcel avec vivacité.

Marguerite le montra du geste sur un canapé, et se détourna.

Octave et Marcel s'approchèrent ; ils écartèrent en frissonnant le drap blanc dont on avait couvert le visage du meunier. Le vieil homme, horriblement brûlé, la figure parsemée d'ampoules, les bras et la poitrine plus maltraités encore, ne bougeait pas : il était mort.

Marcel rejeta le linceul sur le défunt.

— Mademoiselle, dit-il à Marguerite d'un air grave, rentrez dans votre chambre, vous n'avez rien à faire ici.

La fille de Gérard hésita. Cette conscience délicate, cette âme si pure et si droite s'interrogea avec crainte ; elle redoutait, en suivant le conseil de Henri, de blesser quelque convenance ou quelque loi morale. Le cadavre qui là, sous les plis de la toile, attristait et effrayait ses regards, était celui de son plus proche parent après son père, celui d'un vieillard, et elle tremblait de se trouver coupable, lorsque plus tard elle viendrait à se rappeler le peu de regrets dont elle aurait payé le tribut à une mémoire que le devoir semblait la contraindre de révérer. Mais ces scrupules soudainement éveillés en elle furent impuissants à effacer le souvenir poignant des mois terribles que la dureté implacable du vieux meunier venait de lui faire passer. Depuis le départ d'Octave, elle avait trop souffert par l'atroce tyrannie de Bahurot pour que toutes les sources de l'indulgence et du pardon n'eussent été taries en elle. Son âme, révoltée par l'injustice, endurcie par l'insulte, envenimée par le mépris, ne pouvait plus donner, même au devoir, un seul mouvement de respect pour l'être qui avait cessé de vivre. Elle s'efforça en vain de sortir de ce lugubre état de négation ; elle ne put trouver en elle-même que la tristesse et l'horreur enfantées par les circonstances affreuses de la mort de son persécuteur, et cette imagination si douce, ce cœur d'ordinaire si compatissant, cette intelligence si noble et si portée aux plus admirables effusions de la tendresse, se trouva froide comme le marbre devant la dépouille de celui qui était pour elle le plus dur, le plus haineux, le plus cruel des hommes.

On ne l'accusera pas d'insensibilité ; on ne lui reprochera pas d'avoir préféré le souvenir de l'offense à la mansuétude. La vertu n'est pas la mort de tous les instincts personnels, et le devoir n'oblige pas à se renoncer soi-même. Il était impossible que Marguerite n'éprouvât pas, dans ce moment d'ailleurs terrible, un émoi comparable à celui du prisonnier qui voit son geôlier lâcher le bout de sa chaîne ; à côté de Bahurot privé par la mort de la puissance dont il l'écrasait, elle voyait malgré elle surgir l'apparition charmante et si souvent invoquée de sa liberté. Elle pouvait s'abandonner désormais sans réserve et sans crainte à ses inspirations généreuses ; aimer en toute sécurité, se dévouer sans être injuriée, mettre tout son avenir sur Octave ; elle n'allait plus trouver autour d'elle que des affections.

Marguerite ne voulut point se faire honneur d'une sensibilité dont elle ne ressentait pas les atteintes. Elle avait horreur de l'hypocrisie, et surtout dans les moments où le respect doit au moins commander la sincérite. Elle se contenta donc de se mettre à genoux à quelques pas du canapé et de faire une prière dont il serait difficile d'apprécier la ferveur. Cette obligation, ou, pour mieux dire, cette formalité remplie, elle sortit de la chambre sans porter ses regards sur aucun de ceux qui s'y trouvaient.

Quand la porte se fut refermée derrière elle et la servante qui la suivit :

— Allons, dit Marcel, convient-il de passer ainsi toute la nuit à nous regarder les uns les autres ? Bahurot vient de terminer sa carrière d'une façon qui réclame l'intervention de la justice. Vous ne vous soucieriez pas sans doute de voir arriver quelque procureur du roi à cheval sur un mauvais soupçon ? Hâtons-nous donc d'aller raconter les faits bien exactement à M. le maire.

— Vous avez, ma foi, raison, dit Gérard ; sans compter que je ne serai pas fâché d'être débarrassé le plus tôt possible de ce diable de Bahurot. Il ne se peut pas qu'un pareil homme n'ait de la propension à faire du bruit après sa mort, et, pour moi, je serais médiocrement flatté s'il venait la nuit me tirer par les jambes.

— Eh bien ! dit Octave, je vais aller réveiller le maire, qui me saura médiocrement gré de cette attention.

— Il n'importe, répondit Marcel, cours; et en passant par la cuisine, fais monter une partie des domestiques pour organiser ici une veillée. Vous devez tenir tous deux, messieurs, à ce que les choses se passent aussi convenablement et décemment que possible?

— Sans nul doute, s'écria Gérard ; je suis même très-fâché que le pauvre Bahurot n'ait pas eu au moins le temps de se réconcilier avec le ciel, dont pendant sa vie il a dû singulièrement lasser la patience, par parenthèse.

— Je n'y avais pas songé d'abord, reprit Marcel ; et donc tu ne feras pas mal non plus de passer chez le curé et de nous l'amener avec son sacristain.

— Et force eau bénite, dit Gérard d'un air sentencieux.

Malgré les prévisions sinistres de l'ancien capitaine de Champagne, et le soin tout particulier avec lequel il épia pendant le reste de la nuit le corps du meunier, cet hommage est dû à la vérité et à la mémoire de feu Nicolas Bahurot, de déclarer solennellement que ledit feu M. Bahurot ne bougea pas une seule fois.

A six heures du matin, Octave reparut, escorté du maire, du curé, du sacristain, et d'une notable partie de la population du village, empressée de commenter la nouvelle du jour. Le magistrat suprême de la Longuée se fit rendre un compte exact de l'incendie de la nuit, et pour chacun et pour tous il resta prouvé et avéré qu'une lumière mal placée près des rideaux du vieillard paralytique avait été l'unique cause du triste événement que personne ne déplorait. Dieu seul et le romancier apprécient la part que la volonté humaine prit à l'accident que nous savons être un suicide avec préméditation d'assassinat non suivie d'effet. Mais voilons à jamais ces secrets funèbres !

Les détails n'avaient été ni difficiles ni longs à donner, et tous les interrogatoires se ressemblèrent ; ceux des domestiques mirent dans le plus grand jour les services étonnants que chacun avait rendus : c'était à Pierre, c'était à Thomas, c'était au garçon de ferme, c'était même à la cuisinière que le salut commun était uniquement dû. M. le maire fut d'autant plus expéditif dans ses recherches du vrai qu'Octave conçut l'heureuse idée de lui toucher quelques mots d'un déjeuner assez bien entendu dont il prétendait récompenser ses peines ; le curé ne fut pas insensible à la même confidence faite adroitement par Marcel. De sorte qu'à une heure, non-seulement le procès-verbal était clos, mais encore M. Bahurot, bien et dûment empaqueté dans la *robe d'hiver, robe d'été* de messire Jean Chouart, avait pris pour toujours possession d'un terrain, le premier peut-être de ses biens dont il n'eût spolié personne ; en un mot, il était enterré, et les survivants songèrent au déjeuner.

Tout s'y passa bien. Gérard, Marcel et Octave, aidés du curé, eurent à la vérité quelque peine à contenir le maire dans les bornes des strictes convenances, tant ce magistrat se montra disposé à rendre justice aux vertus énergiques du défunt.

— Bahurot a été autrefois mon adjoint, s'écria M. le maire ; c'était bien le plus grand brutal !...

On retint M. le maire sur cette dangereuse pente. M. le curé, d'une voix onctueuse, essaya même, à l'instigation sournoise de Marcel, de faire un petit éloge du meunier ; c'était une tâche laborieuse ; on lui sut gré de la bonne volonté, et peut-être plus encore de la stérilité de son compliment. Toutefois, comme le digne ecclésiastique imagina d'affirmer que M. Bahurot, malgré son peu de piété apparente, n'avait du moins jamais donné dans des erreurs philosophiques bien caractérisées, Marcel conçut pour lui la plus haute estime, et comme il le dit lui-même plusieurs fois depuis :

— Ce brave prêtre, seul au monde, a trouvé quelque chose de vrai à dire à la louange de Bahurot !

Ainsi passa le vieux meunier, ainsi se dénoua son existence, ainsi disparut son triste pouvoir. Toute la moralité que l'on peut extraire en magnifiques et pompeuses expressions de la fragilité des superbes est gravée depuis longtemps, il le faut espérer, dans la mémoire de ceux qui lisent ces pages ; gardons-nous donc d'insister, et revenons promptement à ce qui nous concerne davantage, c'est-à-dire à la suite de notre récit, à l'impression sérieuse que ce grand événement produisit sur l'esprit d'Octave.

Ce fut un coup de théâtre, ce fut un changement à vue qui s'opéra dans ses sentiments, avec non moins de soudaineté que dans sa position.

Maintenant personne ne lui disputait plus le terrain; aucune volonté ne l'exilait de Ternove; aucune main ne s'avançait plus pour le repousser loin de Marguerite. Il était bien heureux, cet amoureux et passionné Octave! Toutes les difficultés, touchées par la baguette d'un enchanteur, s'étaient subitement évanouies, et il pouvait se comparer au prince du conte de fées qui, au moment donné, voit s'aplanir les montagnes, tomber les remparts, se dissiper les enchantements et les obstacles magiques qui le séparaient de sa belle.

Dans cette heureuse situation, le commandant Octave de Ternove, après le premier moment de joie passé, se trouva tellement libre d'agir comme il lui conviendrait le mieux, qu'il se défia tout à coup de ses propres intentions et jeta un regard circulaire sur sa destinée. Maintenant qu'il n'avait plus à combattre, à lutter, à conquérir de vive force, il vit apparaître et sortir du fond de sa pensée, où jusque-là toute autre volonté que celle de conquérir Marguerite avait été sévèrement confinée, le spectre attristé de son ambition, qui se colla contre son cœur et lui communiqua je ne sais quel frisson glacial dont son être tout entier éprouva le malaise.

A la vérité il ne lui donna pas gain de cause, mais il lui répondait faiblement, et les arguments qu'il trouvait pour défendre son amour lui paraissaient à lui-même sans valeur. C'est que jusque-là jamais cet amour extatique, cet amour emporté, cet amour turbulent n'avait pris le temps ni conçu même la volonté de se considérer froidement lui-même et de combattre les obstacles autrement qu'en les niant. Une fois tranquille, il se trouvait faible et chagrin.

Mais tandis que Ternove était en proie à ces agitations si différentes de celles qui depuis plusieurs semaines l'avaient constamment possédé, tout autre se montrait l'humeur de son entourage. Gérard ne se sentait pas de joie ; pour ce vénérable vétéran, la restauration ne datait en réalité que de ce jour-là ; avec Bahurot mourait le jacobinisme en ce qu'il avait de plus pratiquement désagréable pour le capitaine de Champagne. Aussi, tout en gardant le décorum convenable devant les étrangers et les domestiques, s'en allait-il dans les corridors se frottant les mains ; et lorsque, le soir venu, la famille se trouva réunie et seule dans le salon, il s'écria avec un accent indicible de félicité intérieure :

— Ah çà ! nous n'avions pas compté sur ce coup de fortune ?

— En vérité, non ! répondit Octave d'un air contraint.

Gérard mit les mains derrière son dos, et se promena dans l'appartement en homme extrêmement agité par l'excès du bonheur. Marguerite regarda Octave, surprise du ton froid de sa réponse, qui frappa également Marcel ; mais, mieux instruit que la jeune fille et du caractère, et des sentiments secrets, et de la position de son ami, il se tordit la moustache et murmura sourdement :

— Trop de contentement finit par gêner.

Octave entendit fort bien et comprit à merveille. Pour y répondre d'une manière victorieuse, il alla s'asseoir à côté de sa cousine, lui prit les mains et les baisa en disant :

— Aussitôt que les affaires de la succession vont être réglées, je courrai à Paris ; j'y resterai quinze jours au plus et je reviendrai pour toujours !

— Et pourquoi ne partirais-tu pas demain même ? interrompit Marcel avec une insistance un peu ironique. Qu'a-t-on besoin de toi ici pour régler les affaires ? Est-ce que M. Gérard ne suffit pas ?

— Pardieu ! dit Gérard, il ne s'agit pas de soulever un monde ! Gendre et petite-fille, Marguerite et moi nous passerons dans toutes les difficultés comme des éléphants à travers une toile d'araignée.

— Mais, repartit Octave, je ne voudrais pas m'éloigner avant de m'être rendu un compte un peu exact de la succession.

— Ne sauras-tu pas tout cela dans quinze jours ? continua Marcel. Dans quinze jours, tu auras tout terminé à Paris, le ministre aura accordé ta permission de mariage, tes amis t'auront fait leurs félicitations, promis sans doute aussi la continuation de leurs bontés passées, monseigneur je ne sais qui t'aura serré dans ses bras, et tu nous reviendras alors avec les plus belles espérances d'avenir.

— Il ne parle pas mal, ce brave Marcel, dit Gérard, et j'incline décidément vers son avis. Que vas-tu faire ici pendant un mois peut-être ? L'amour ? Ma chère fille, mon cher neveu, vous aurez le temps quand vous serez mariés ; je ne vous parle pas de la facilité plus grande...

— Pas de légèretés de l'ancien régime, mon capitaine! s'écria Marcel; soyons sérieux! Octave n'a réellement pas besoin d'être ici. Qu'il s'en aille, et que dans quinze jours il nous revienne. Eh! pardieu! je ne comprends pas quelles entraves, quelles lenteurs, quels retards il apporte lui-même à ce que nous savons tous si bien être son bonheur! A moins que ce ne soit le culte de la modération!

— A quoi bon toute cette discussion? murmura Octave. Doutes-tu, ainsi que mon oncle, de mon empressement à devenir l'époux de ma chère Marguerite? Non pas, dites-vous? Alors, laissez-moi faire mes démarches personnelles quand et comme je voudrai. Tout cela n'est pas si facile que vous voulez bien l'imaginer. A quoi sert la précipitation? A embrouiller, à retarder ce qu'on voudrait conclure. Il est bon qu'avant d'arriver à Paris, j'y écrive. Il faut que je reçoive des réponses; j'ai plus de difficultés à ménager que vous ne le semblez croire; j'ai des intérêts fort compliqués à débattre, de fort délicats. Et si par un hasard vous trouvez, malgré votre confiance, des embarras ici, qui pourra les résoudre? Mon oncle n'est plus assez jeune pour courir à droite et à gauche, et se démener avec les gens de loi.

— Ceci est très-évident, marmotta Gérard, qui, outre l'avantage d'être de l'avis de celui qui parlait, fut charmé de voir son neveu disposé à lui épargner jusqu'à la possibilité d'un souci.

— Je trouve aussi que vous avez raison, Octave, dit innocemment Marguerite. Pourquoi tant se presser?

— Sans compter beaucoup d'autres motifs qui

m'arrêtent, ajouta Octave avec tendresse, je ne vous ai qu'à peine vue, chère Marguerite, un instant hier au soir, un instant aujourd'hui, et voilà tantôt cinq grands mois que je cours les champs! Un peu de repos n'est pas du superflu après tant de tourments, et enfin pourquoi me disputer si fort mon bonheur? J'en jouis, laissez-le-moi savourer à ma guise! Ne sommes-nous pas sûrs de l'avenir?

— Aussi, M. Henri, s'écria la jeune fille en riant de ce rire joyeux et sincère qui part d'un cœur sans soupçon, pourquoi nous tourmentez-vous? Que vous importe qu'il reste ici? Croyez-vous que nos affaires puissent en souffrir?

— Hé! hé! mademoiselle, attendre n'a jamais rien valu!

— Que veux-tu dire? répliqua Octave d'un ton un peu menaçant.

— Ce que je dis, et pas autre chose. Tu ferais mieux de ne rien retarder; mais après tout, vous êtes d'accord, vous êtes satisfaits, agissez comme il vous plaira le mieux.

Octave blessé, et se voyant soutenu, prit à son tour l'offensive.

— Laissez gronder Marcel, s'écria-t-il en se tournant vers sa cousine. Je sais ce qui le tourmente, et il y a un moyen de le calmer.

— Et qu'est-ce qui me tourmente, s'il te plaît?

— Le désir de t'en aller.

— J'en conviens. Malgré le plaisir que j'éprouve dans cette maison, j'ai besoin d'être à Paris.

— Pourquoi? demanda Gérard.

— Parce que je suis à la demi-solde et que je

voudrais être replacé. Octave m'a promis des merveilles ; mais s'il s'amuse à penser à ses plaisirs de cœur au lieu de s'occuper de ses intérêts véritables et de ceux de ses meilleurs amis, je ne vois pas comment je pourrais compter sur ses protestations.

En achevant ces mots, il regarda Octave d'un air sérieux qui en disait fort long. Le commandant, se voyant bien entièrement deviné dans ses tergiversations, prit honte de lui-même et baissa la tête en silence.

Marguerite et Gérard ne voulurent pas non plus blâmer le raisonnement d'Henri ; seulement ils en prirent une mauvaise impression, en croyant s'apercevoir qu'un peu d'égoïsme perçait dans les paroles de l'officier. Ils lui reprochèrent en eux-mêmes d'exploiter à son profit l'heureuse position de son ami, et, sous un prétexte honorable, de lui refuser la consolation si légitime de se reposer quelques jours auprès de ses plus chères affections.

Pour Octave, heureux s'il avait pu ainsi prendre le change ! sa conscience, ou du moins son amour-propre en eût été plus tranquille. Mais il savait trop combien Marcel était désintéressé. Il sentait au dedans de lui mille ressorts s'agiter qui l'humiliaient et lui faisaient mal, et son plus ardent désir à ce moment aurait été de pouvoir dérober ses impressions et son trouble à l'œil scrutateur de son ami. Il prévoyait que ce lui serait une tentative bien difficile, et que son Mentor voudrait provoquer une explication nette aussitôt que le tête-à-tête s'établirait entre eux, et que chacun serait rentré dans son appartement. Il raisonnait juste. Après les bonsoirs pleins d'effusion et de tendresse de Marguerite et de son oncle, il eut beau vouloir gagner sa chambre d'un air dégagé, Marcel l'y suivit et se chargea lui-même de fermer la porte. Puis, ayant bourré sa pipe, le sous-lieutenant l'alluma, s'installa commodément dans un fauteuil, et, après avoir lancé dans les airs deux bouffées d'épaisse fumée, il commença ainsi l'interrogatoire si fort redouté par Octave :

— Voyons, expliquons-nous un peu clairement, si c'est possible. Je ne comprends le moindre mot ni à ce que tu fais ni à ce que tu rumines. Ta cousine et le vieux Gérard s'en vont dormir sur les deux oreilles, c'est le lot de la candeur ; mais pour moi, je ne suis pas aussi calme, et je demande un peu de lumière pour débrouiller l'écheveau de tes volontés. A Paris, bouillant d'impatience, tu voulais, coûte que coûte, arriver ici, et savoir, disais-tu, si Marguerite t'aimait. Hier au soir, non moins ardent, tu t'es précipité les yeux fermés dans un mariage qui, tout décidé qu'il était, restait néanmoins encore dans les brouillards des temps futurs. Aujourd'hui que le père Bahurot, en mourant, a chassé les nuages, et que tu peux à ton gré épouser ta belle, voilà que tu hésites ?

Octave répondit :

— Je ne sais à qui tu en as. J'aime Marguerite et je l'épouse. Que la cérémonie ait lieu quinze jours plus tôt, quinze jours plus tard, qu'y trouves-tu à reprendre ? Supposons même qu'en demeurant ici je perde mon temps, tu as mille moyens de t'expliquer ce qui peut être une faiblesse sans le traduire par un manque de foi. Et d'ailleurs j'ai des motifs sérieux.

— Ah! enfin! Lesquels?

— Franchement, ce n'est pas sans quelques regrets que je renoncerai aux chances inouïes que la fortune me jette.

— Peste! voilà du bon sens.. Continue.

— J'ai donc pensé qu'il était aussi par trop absurde d'écrire à M. de Marvejols : « Je me marie; je vous plante là; n'en parlons plus! » Outre l'absurdité , ce procédé renferme encore une façon d'ingratitude grossière qui me blesse outre mesure. Le baron m'aime, et je le respecte de tout mon cœur.

— Très-bien! Autant que je démêle ta pensée, tu vas, avant la noce, entreprendre le sauvetage de tes intérêts naufragés sur la plage de l'hymen?

— Je serai sincère avec toi. Je voudrais gagner un peu de temps. Madame de Marvejols est une excellente et tendre personne; le vieux colonel est la perle des hommes, une âme exquise! Si par bonheur je réussissais à mettre mes deux braves amis en face de Marguerite, s'ils la pouvaient connaître, ils apprécieraient ses vertus, ses qualités si aimables, sa beauté, et certes je parviendrais à les émouvoir. Il est vrai que je resterais encore brouillé avec Bartannier, et le pauvre marquis travaille avec bien du zèle à me faire épouser sa fille. Mais, après tout, que sait on? Bartannier respecte beaucoup M. de Marvejols; son accès d'humeur passé, peut-être serait-il possible de l'adoucir. Bref, mon cher ami, je veux bien perdre quelque chose en épousant Marguerite...

— Oui, dit Marcel, tu voudrais perdre le moins possible; je ne vois à cela rien que de fort naturel. Eh bien! moi, je te dis que, par affection pour ta cousine, par devoir, par conscience, par honneur même, tu ne devrais pas l'épouser! Je n'ai pas besoin de te renouveler tous les raisonnements sur lesquels je me suis épuisé depuis que cette déplorable passion s'est mise dans ta tête ; dans ta tête, dis-je, et non dans ton cœur! Mais sérieusement et pour la dernière fois, réfléchis à ce que tu fais! Laisse là les grands sentiments, retourne à tes affaires que tu regrettes, quoique tu aies peine à l'avouer, et ne compromets pas l'avenir et de toi et de ta femme. Deviens un grand personnage et laisse-nous en repos!

Octave fit un tour dans l'appartement.

— J'ai donné ma parole à mon oncle... murmura-t-il enfin.

— Je m'offre à t'en dégager demain même, et dans un an à te ramener à Ternove, ici, où tu trouveras Marguerite mariée à n'importe qui, très-consolée et fort heureuse.

— Bonsoir, répondit Octave en levant les épaules.

— Tu persistes à jouer l'amoureux?

— Bonsoir, te dis-je!

— Tu es entêté, et voilà tout.

Marcel se leva et sortit fort ému pour un sceptique aussi consommé.

Après son départ, Octave continua sa promenade inquiète à travers la chambre ; il cherchait à concilier mille désirs, mille projets inconciliables. Soudain il entendit dans le corridor parler

et rire aux éclats. Il regarda la pendule, minuit
était près de sonner. Un peu étonné, il ouvrit sa
porte.

Un beau jeune homme se jeta dans ses bras avec
effusion.

C'était Julien de Soilles. Octave resta atterré. Il
ne l'attendait ni ne le souhaitait.

CHAPITRE XV.

Après les premiers mots d'étonnement :

— A te parler franc, dit Octave d'un air contrarié, je suis charmé de te voir, mais je ne t'attendais pas. Quelle fantaisie singulière t'a pris de quitter tes occupations, tes plaisirs, pour me poursuivre aussi loin ?

— Manière toute nouvelle de souhaiter la bienvenue ! s'écria Julien. J'accours, je me précipite dans tes bras, je viens te jurer que je ne peux vivre sans toi, et tu me reçois aussi cavalièrement ! Tu ne connais, mon pauvre Octave, ni les devoirs ni les plaisirs de l'amitié !

— Trève de plaisanteries, reprit le commandant, et mets-moi au fait de ce que tu viens chercher ?

— D'abord, répondit de Soilles, je n'ai nullement l'intention de jouer au fin avec toi. Demain, tu sauras tout ; pour le moment je suis accablé de fatigue et hors d'état de prononcer deux phrases sans bâiller dix fois ! Fais-moi donner une chambre, que j'aille me coucher avec l'espoir d'être bientôt présenté à ta famille. De quoi se compose-t-elle, ta famille ?

Octave se sentit mal à l'aise. Il ne pouvait cependant pas dissimuler l'existence de Marguerite.

— Mon cher ami, dit-il, ma famille n'est plus au grand complet depuis la nuit dernière. J'ai perdu le beau-père de mon oncle.

— Ah ! j'en suis fâché ! mais tu ne parais pas partager mon affliction ? N'en parlons plus. Cette perte douloureuse réduit ton entourage à..... ?

— Mon oncle d'abord.

— Oui ; cet oncle que tu aimes tant et qui t'a fait quitter Paris. Ensuite ?

— Ensuite, ma cousine, la fille de mon oncle, mademoiselle Marguerite de Ternove.

— Ah !... tu ne m'avais jamais soufflé mot de cette parenté-là.

— Pardon ! je t'en ai parlé mille fois.

— Tu le veux ? j'y souscris ; mais je ne m'en souviens pas. Quel âge a cette cousine ?

— Quelque chose comme vingt ans.

— Hé ! hé ! je commence à craindre que ton attachement pour ton oncle ne soit plus vif que je ne l'aurais cru. Tu passes ainsi le temps entre l'hiver et le printemps, entre le régiment de Champagne et une jolie fille ?

— Il y a encore ici Marcel , tu sais , cet officier de chasseurs, mon ancien camarade , dont je t'ai déjà parlé ?

— Je comprends. Mais , mon ami , Ternove me paraît un fort joli séjour. Pour peu que tu aies su mettre en œuvre les divers éléments d'intrigue qui s'y trouvent réunis , il y a de quoi composer un vrai roman en action ! J'imagine que j'arrive à temps pour prendre ma part de la fête , et que demain je vais trouver au milieu d'un paradis bucolique tel que savait en dépeindre M. le chevalier de Florian, sans faire tort à M. Gessner.

— Ecoute-moi tranquillement , reprit Octave ; puisque te voilà ici, où personne, pas même moi , ne te souhaitait , tu vas me faire le plaisir de t'y comporter de façon à ne pas déranger certaines intentions fort arrêtées que je nourris.

— Très-bien !

— Envers mon oncle, tu seras discret et réservé ; je n'ai pas jugé à propos de l'initier à tout ce qui me touche ; il ignore même mes relations avec les Marvejols comme avec Bartannier. S'il venait à les apprendre sans mon aveu, j'en serais certainement très-blessé.

— Tu fais bien de me prévenir.

— Quant à Marcel , je ne te conseille pas de le prendre trop à la légère, attendu qu'il a le coup de boutoir fort à commandement.

— Nous ferons connaissance avec ce sanglier.

— Pour ce qui est de ma cousine...

— J'écoute avec attention.

— Tu voudras bien la considérer avec le respect convenable et ne te permettre aucun de ces persifflages qui te sont familiers. Pour tout te dire en quelques mots, je suis fiancé à mademoiselle de Ternove, et sous peu de semaines je l'épouserai.

Julien sauta sur sa chaise.

— Tu l'épouseras ! Miséricorde de Dieu ! Es-tu fou ? faut-il qu'on t'enferme ? aspires-tu à la camisole de force ? Comme j'ai bien fait de partir ! Ah ! que j'ai bien fait d'écouter le vieux Marvejols ! Moi qui croyais ne servir qu'un caprice sentimental !

— C'est Marvejols qui t'envoie ?

— Ah ! mon pauvre Octave, quelle niaiserie ! Va, nous causerons demain ; je tombe d'envie de dormir.

Octave quitta Julien, et courut à la chambre de Marcel.

— Julien de Soilles vient d'arriver ici, il est député par le baron de Marvejols ; je ne sais pas ce qu'il veut organiser. Bref, c'est un homme dangereux. Je crois que je suis perdu.

Marcel avait soulevé sa couverture pour écouter son ami qui se tenait debout près du lit, un flambeau à la main, la figure bouleversée. Il remit soigneusement ses draps par-dessus ses oreilles, et du fond de son lit prononça cet oracle :

— Je le sais pardieu bien que tu es perdu ! ce n'est pas une raison pour me réveiller en sursaut. Demain matin nous verrons ton jeune homme, et nous lui parlerons ; va te coucher.

De bonne heure Octave fit demander à Julien s'il pouvait le recevoir. Celui-ci vint lui-même apporter la réponse dans le jardin, où se trouvait le commandant.

Ternove courut à son visiteur, et passant son bras sous le sien :

— Maintenant, lui dit-il, tu vas me raconter...

— Pourquoi je viens troubler tes amours ?

— Tu ne troubles ni ne troubleras rien, sois-en sûr.

— Je le désire, puisqu'il te plaît ainsi. Sache donc que le soir même de ton départ, le vieux baron m'a écrit de passer chez lui. Je me suis empressé d'accourir. On ne sait pas, tu ne sais pas toi-même à quel point cette vieille relique mérovingienne a du crédit.

— Tu me ferais plaisir de parler de M. de Marvejols avec plus de respect.

— C'est bon. A peine donc ai-je reçu le message, que j'arrive. Je trouve le baron assis tendrement sur un canapé, aux côtés de la baronne, lui tenant la main et lui faisant de petits discours mielleux, suivant l'usage des gens qui donnent des consolations. « — Mon Dieu! M. le baron, m'écriai-je en prenant un air de circonstance, que se passe-t-il? quel chagrin peut affecter ainsi madame la baronne? » Entre nous, je crois, pouvoir te dire que la douleur de la Marvejols s'exprimait par des grimaces trop laides pour...

— Non, tu ne peux pas me dire de telles choses. J'aime la baronne comme ma mère, et tu m'es désagréable en faisant sur son compte des quolibets de mauvais goût.

— Très-bien. Je m'empresse donc de mettre au vent toute ma sensibilité, et je demande le pourquoi de rigueur. Le baron me répond d'un air de nourrice affligée : « Mon ami, Octave est parti

à six heures , et nous ne pouvons pas supporter
une telle séparation.

« — Non ! nous ne pouvons pas la supporter,
s'écrie madame de Marvejols en levant les yeux et
son mouchoir au ciel, et je sens bien que je ne vi-
vrai pas sans ce cher enfant !

» — Vous entendez ? reprit en faux bourdon
M. de Marvejols , madame la baronne peut en
mourir !

» — Oui , dit madame la baronne , avec le
même geste que tout à l'heure, j'en mourrai certainement ! »

— Tu ferais mieux , interrompit Octave impa-
tienté, de laisser là tes pasquinades et d'arriver à
la fin.

— J'y suis, à la fin. Après beaucoup de lamen-
tations, le baron me pria de sauver la vie à sa
femme , de te courir après , de te rejoindre , et
de te supplier , au nom de leur affection pour
toi , de ne pas rester plus de huit jours absent.
Vois comme tu es devenu indispensable à ces
deux vieillards ! J'ai été trop charmé de me
rendre utile pour ne pas accepter cette honorable mission ; me voici donc, et je repartirai avec
toi.

— Tu conviendras, dit Octave , que l'affection
de mes chers parents adoptifs est un peu tyran-
nique ?

— Toutes les passions sont exigeantes , et lorsqu'elles paient bien, on n'a rien à leur reprocher.
Mais, toi, tu veux donc épouser ta belle cousine?

— Oui ; je te prie de me garder le secret auprès

du baron jusqu'à ce que je divulgue la chose moi-
même.

— Ainsi, mon ami, continua Julien en clignant
des yeux, tu vas me planter là sur la route pou-
dreuse de l'ambition et t'enterrer dans l'honnête
médiocrité? C'est ainsi que tu respectes notre alliance jurée?

— Mon Dieu, tu n'as que faire de mon aide, tu
marches fort bien tout seul, et parce que M. de
Marvejols ne me protégera plus, est-ce une raison pour qu'il te prenne en grippe?

— Non, mais pour qu'il m'honore de son in-
différence.

— Tu as ton oncle de Bartas.

— Une jolie bête! Depuis qu'il est dévot, grâce
à mes excellents conseils, il est tombé dans le dur
esclavage d'une danseuse, et je le crois à deux
doigts de me déshériter pour la haine mortelle
que me porte cette belle dame. Du reste, mon
ami, tu es libre certainement de te rendre heureux
à ta façon! Marche, cours tresser des myrtes, en-
lace des guirlandes et ne te donne pas la peine de
regarder si tes ébats joyeux jettent tes amis par
terre comme des capucins de cartes... Tu veux te
marier, marie-toi... Quel est ce grand garçon qui
vient vers nous?

— C'est Marcel. Je vais vous présenter l'un à
l'autre.

— Volontiers. Belle encolure! figure ouverte!
air soldat et d'assez mauvais ton. Je soupçonne ton
ami Marcel d'avoir peu vu le monde. N'importe, il
doit être agréable convive.

— Marcel, dit Octave quand l'officier fut à portée de l'entendre, voici M. Julien de Soilles.

Marcel tira sa pipe de dessous ses moustaches
blondes, regarda le nouveau venu d'un air poli,
mais scrutateur, et salua.

— Monsieur, dit de Soilles avec coquetterie,
notre ami Octave m'a si souvent parlé de vous,
que j'avais le plus vif désir de faire votre connaissance. L'un et l'autre, vous voudrez bien m'admet-
tre, je l'espère, dans votre admirable duo de sentiments ; je le changerai en trio, et je pense que
personne ne s'en trouvera plus mal.

Henri salua de nouveau et recommença à fumer.
Au bout de quelques secondes, pour ne pas laisser
le silence se prolonger plus longtemps, il demanda:

— Que dit-on à Paris ?

— Sous quel rapport ? répondit Julien avec un
sourire aimable.

— Sous celui des officiers à la demi-solde ; c'est
le seul qui m'intéresse.

— Mais je crois que tous ceux qui n'ont pas des
opinions bonapartistes trop enragées seront re-
placés.

— Seriez-vous assez bon pour m'expliquer ce
qu'on entend par des opinions bonapartistes trop
enragées ?

— Je serais embarrassé, repartit Julien, pour
vous en donner une définition exacte. Ainsi je sais de
pauvres diables considérés comme tellement dangereux, qu'on n'a pas voulu leur rendre leurs compagnies d'infanterie, bien qu'ils n'aient jamais autrement marqué par leur dévouement impérialiste,
tandis que tel général assez publiquement attaché

à l'usurpateur gouverne aujourd'hui en toute tranquillité soit un département, soit même une division militaire. J'ignore jusqu'à quel degré d'effervescence vous portez votre admiration pour l'empereur, mais je suis bien sûr qu'étant l'ami d'Octave, vous ne pourrez manquer d'être employé.

— Ceci me rassure, dit Marcel. Non pas que j'aie le culte de ma profession ; je vivrais fort bien sans faire promener des hommes du corps de garde à la caserne et retour, mais il faut vivre.

— Vous raisonnez on ne peut mieux. Maintenant, dis-moi, Octave, qui je vois là paraître sur le seuil du salon ?

— Mon oncle et ma cousine.

— Mademoiselle de Ternove me semble d'une incomparable beauté. J'ai maintenant moins de peine à te comprendre.

— Es-tu sincère ? dit Octave d'un air de doute.

— Si je le suis ! s'écria Julien. Admettriez-vous, M. Marcel, que mon admiration fût jouée ?

— Ma foi, monsieur, répliqua froidement Henri, je ne m'entends pas beaucoup en enthousiasme ; usant peu moi-même de cette faculté de l'âme, je ne la devine jamais bien chez les autres, et on pourrait médiocrement jouer la comédie sur ce point que je ne m'en apercevrais pas. Mademoiselle de Ternove est certainement fort bien.

Ici la conversation des jeunes gens se termina.

Ils étaient arrivés devant le salon. Octave présenta Julien à son oncle et à Marguerite. Celle-ci honora de peu d'attention l'officier des gardes du corps ; mais Gérard crut devoir faire un accueil tout particulier à un homme qui avait le bonheur de voir presque tous les jours face à face le roi de France et de Navarre. Outre ce mérite rare et transcendant, Julien en possédait un autre bien frappant aussi pour le brave Gérard : c'était sa bonne humeur. Avant dix minutes, l'ancien capitaine et le jeune officier spéculateur étaient déjà les meilleurs amis du monde, avaient échangé force plaisanteries de l'ancien et du nouveau régime, et le vieillard ne se tint pas de déclarer qu'avant de connaître M. de Soilles, il doutait qu'il y eût encore des jeunes gens en France.

— Regardez, par exemple, mon cher neveu, poursuivit le vieux gentilhomme : quand monsieur daigne se réjouir, il sourit, jamais ne rit ! jamais ne plaisante ! jamais ne se laisse aller à la moindre boutade joyeuse. Marcel est de même : en quinze jours on n'entend pas ici un éclat de rire ! Ah ! M. de Soilles ! la révolution, cette odieuse révolution ! elle laissera des traces qui ne s'effaceront que bien lentement, je le crois !

— Je suis assez de cet avis-là, dit Marcel.

— Et moi aussi, repartit Julien.

— Enfin, tant est que vous, M. de Soilles, vous êtes un vrai jeune homme vif et gai, comme on était de mon temps, monsieur ! et probablement vous devez cet avantage précieux à ce que vous avez été élevé en Russie ! N'en parlons plus ; laissez-moi seulement vous remercier de la gaîté apportée par vous dans cette maison.

— Mais vous êtes pourtant ici, ce me semble, dit Julien, dans un moment où la bonne humeur devrait régner ?

— Avez-vous déjà reçu les confidences ?... s'écria Gérard avec effusion.

— Pas le moins du monde, interrompit Octave effrayé d'un pareil début.

Il connaissait trop bien son ami pour ne pas le redouter, d'autant plus qu'il en avait eu seulement quelques atteintes fort douces.

— Oh ! reprit Julien en jouant la surprise et la confusion, je suis d'une rare indiscrétion ; mais je croyais...

— Tu ne croyais rien, repartit encore Octave.

— Pardieu ! je croyais ton mariage avec mademoiselle assez avancé pour qu'au sein de ta famille, dans une intimité comme celle où nous voici, on pût en parler librement.

— Sans doute, répliqua Gérard, il en est ainsi, et je reçois volontiers vos compliments.

— Parlons d'autre chose ! cria Octave hors de lui.

— Mais quel sujet plus intéressant ? poursuivit de Soilles, toujours du même air candide ; puis-je avoir une autre pensée que ton bonheur ? Croyez-le bien, monsieur, continua le bourreau en se tournant du côté de Gérard, Octave a pour mademoiselle votre fille un sentiment profond, vrai, sérieux et prouvé par d'immenses sacrifices !

Ici Octave interrompit Julien :

— Pour la dernière fois, n'insiste pas sur des affaires de famille dans lesquelles tu t'entremêles sans qu'on t'en ait prié. Tu n'as rien ici à apprendre à mademoiselle de Ternove ; elle sait tout ce qu'il est besoin qu'elle sache.

— Quelle soupe au lait ! Il est fort colère ; votre neveu ! s'écria Julien en riant.

— Quand on le contrarie , repartit Gérard , il devient lion ; mais ici il a tort , et je vous fais d'avance des excuses qu'il vous priera tout à l'heure d'accepter. Continuons de causer.

— Eh bien ! oui, continuons, reprit Julien ; mais n'adressons plus d'éloges mal reçus au seul homme qui de nos jours préfère l'amour à la pairie !

— Bon ! se dit Marcel à demi-voix, où tout cela va-t-il aboutir ?

Octave , violemment agité , éprouvait une tentation visible de jeter son ami et allié par la fenêtre.

Marguerite, étonnée, regardait l'interlocuteur ; et Gérard, ne comprenant pas, mais approuvant de la tête, déclara son neveu digne d'être comparé aux anciens paladins.

— Oui , poursuivit de Soilles avec sangfroid , oui, c'est chose rare de nos jours que de renoncer par amour à la pairie , à l'avancement dans l'armée, aux faveurs des princes , à un titre de baron et à une femme charmante.

— Que signifie tout cela ? demanda Marguerite.

— M. de Soilles, cria Octave, vous allez me faire oublier que je suis chez moi !

— M. de Ternove , répondit Julien d'un ton glacial, lorsqu'on a des amis en démence, on les traite comme des malades, et, l'accès passé, ils vous remercient. Je m'étonne que M. Marcel, ferme et raisonnable ainsi qu'il semble l'être, m'ait laissé l'emploi que je remplis aujourd'hui !

— Diable ! se dit Marcel, il paraît que chacun de nous va entendre ses vérités.

— Mademoiselle, poursuivit Julien, laissez-moi vous apprendre que M. de Ternove, en agissant comme il le fait ici, se conduit avec la plus rare ingratitude envers M. le baron ds Marvejols, son bienfaiteur, son père adoptif ; et, de plus, il insulte grièvement M. le marquis de Bartannier, dont il avait promis d'épouser la fille, que j'oserais vanter si je ne vous avais vue.

— Julien, vous vous moquez de nous ; je vous ferai remarquer que la personne dont vous parlez est contrefaite.

— Cette opinion n'a pas toujours été la vôtre, continua Julien imperturbable, et mademoiselle apprendra qu'il n'y a pas plus de huit jours vous étiez fort empressé auprès de Claire.

— C'était un peu léger, tu me permettras de te le dire, murmura Gérard.

— Singulier petit homme, pensa Marcel, et fort curieux à voir se démener !

— Vos calomnies et vos propos me fatiguent, dit Octave. Quand il vous plaira, nous irons nous expliquer mieux.

— Il ne me plaît point en ce moment. Je ne sais d'ailleurs ce que vous prétendez de moi ; si c'est un duel, vous devez savoir que je ne me battrai jamais avec vous ; j'ai, Dieu merci ! une réputation assez faite pour me passer de commettre une sottise ; quoi que vous puissiez rouler dans votre esprit de projets sinistres et assez ridicules, j'épuiserai tout pour vous empêcher de faire... comment dirai-je ?... Ma foi ! je dirai le mot, pardonnez-moi, mademoiselle... de faire une action déshonnête.

— Quoi! monsieur!...

— Oui, Octave! déshonnête! Vous avez avec mademoiselle de Bartannier, et plus encore avec M. de Marvejols, des engagements que vous ne pouvez pas rompre ainsi.

— Je ne te croyais pas, dit Gérard, en si belle passe. Dès lors, mon cher ami, rien de plus simple; il te faut réfléchir. En te mariant à Marguerite, tu calcules mal, comme monsieur le donne à entendre un peu durement. D'ailleurs, si tu as des engagements...

Octave sortit de la salle à manger dans un état d'exaspération complet. Il aurait voulu étrangler Julien sur la place, et se jurait de lui faire un mauvais parti aussitôt qu'il pourrait le tenir entre quatre yeux. En s'abandonnant ainsi à la fureur, Ternove se trouva tout à coup plus décidé que la veille à épouser Marguerite, dût-il se perdre absolument, et Julien, qui ne pouvait connaître l'effet produit par sa brusque attaque, continuait son œuvre de dévastation en toute liberté. A Gérard et à Marcel il raconta sur nouveaux frais les grands succès, les belles espérances du commandant; autant qu'il put même, il les exagéra. Il fit du baron de Marvejols un portrait féodal des plus rembrunis, et à cette époque, où chacun, amis et ennemis, croyait au retour du *bon plaisir*, il eut peu de peine à persuader Gérard et Marguerite qu'Octave, tombant en disgrâce, pouvait aller jusqu'à la prison d'Etat. Marcel resta moins crédule.

Julien dépeignit en couleurs assez vives les relations entre Octave et mademoiselle de Bartannier, et, attaquant ainsi le cœur et l'esprit, faisant appel au dévouement, à l'affection, à la vanité même, il réussit beaucoup mieux que n'avait pu le faire Marcel dont les arguments n'avaient jamais été dirigés que contre la raison.

Au bout d'une heure Gérard, pleurant d'un œil, était convaincu ; Marguerite, abattue extrêmement, n'avait pas prononcé une seule parole et s'était retirée dans sa chambre, en proie à une douleur qui déchira le cœur de Marcel, mais qui ne fit pas la moindre impression sur celui de Julien, et enfin Henri et de Soilles restèrent seuls dans la salle à manger.

— Maintenant, dit Marcel, le quart d'heure de Rabelais est arrivé ; vous allez payer les frais de votre éloquence à Octave.

— Cela m'inquiète peu, répondit Julien ; ce qui me tourmente bien davantage, c'est de savoir votre opinion sur tout ceci.

— J'imite Brid'oison, repartit Marcel : je ne sais que penser. Avant d'être de votre bord, il m'est nécessaire de vous connaître un peu mieux. Mais ce soir je serai probablement en mesure de vous donner mon avis.

— A votre aise, répliqua Julien.

En ce moment on vint prévenir Marcel que Marguerite le demandait. Il s'empressa de se rendre aux ordres de la jeune fille ; de Soilles sortit aussi de la salle et alla à la recherche d'Octave.

Marcel trouva Marguerite dans une agitation, dans un émoi terribles. Tant qu'elle était restée au salon, maîtresse d'elle-même, elle avait su contenir ses angoisses, elle ne les avait pas livrées aux yeux profanes. Seule maintenant, avec un confident dévoué, elle ne prenait plus garde à ses larmes, les laissait couler, se tordait les mains, se frappait le front, enfin donnait librement toutes les marques d'un violent désespoir.

Henri fut consterné non moins que surpris d'une telle puissance de douleur; pour la première fois depuis qu'il la connaissait il la voyait sortir du calme majestueux, ce charme si grand de sa personne; il la voyait s'agiter comme une biche blessée. Certainement il n'avait pas d'amour pour elle et n'en ressentit jamais; mais cette énergie de souffrance le prit au cœur; il eut comme un vertige d'admiration. Il devina alors que les poëtes ne mentaient pas et qu'on pouvait réellement adorer une femme lorsque cette femme ressemblait à Marguerite et s'animait comme elle de cette beauté vivante et sympathique que la passion seule peut donner. Elle pleurait, elle se débattait, elle demandait secours. Marcel sentait son cœur se fondre.

Elle lui prit les mains.

— Que faire? dit-elle.

— Comment! que faire? répondit-il en secouant l'émotion qu'il éprouvait et en prenant un ton à demi rude; que faire? mais d'abord il ne faut pas vous désespérer. Si vous perdez ainsi la tête, comment pourrez-vous vous conduire?

— Tout est fini, poursuivit-elle. Pour la première fois je trouve Octave coupable; vous ne pouvez savoir tout ce qu'il y a de poignant dans cette pensée! Etre obligée de blâmer ce qu'on a admiré, d'accuser ce qu'on a chéri ! Quelle épouvante j'ai dans l'âme ! Mon bon Marcel, je me sens mourir ! Vous avez entendu ce que ce jeune homme a dit ? Octave nous a tous trompés ! il aime une autre femme !

— J'ai peine à le croire, repartit Marcel ; cette circonstance m'étonne. Jamais je n'ai vu la duplicité dans Octave. Il aurait médité un mariage avec mademoiselle de Bartannier ? Mais alors qu'aurait-il voulu faire de vous ? Allons, songez-y un peu ; il n'y a pas à tout cela grande vraisemblance ! A moins que... il n'ait espéré vous séduire ? Mais pardon, vous vous indignez et à bon droit ; quelque fou que soit Ternove, encore une fois, il est incapable d'une scélératesse. Je ne vois donc plus qu'une seule supposition un peu probable.

— Laquelle, mon ami ?

— C'est qu'au milieu de ses tergiversations et de ses faiblesses, Octave aura adressé quelques gracieusetés à la fille du marquis. Eh ! il ne faut pas vous révolter ! Que diable ! je vous ai prévenue ! Je ne savais pas, à la vérité, que le vent de la faveur ferait aller si vite et si bien la barque de notre ami ; mais je vous l'avais donné pour ambitieux, et il aurait fallu me croire. Soyez juste, aussi ! comprendriez-vous qu'un pauvre sous-lieutenant se vît enlevé tout à coup à sa misère, enrichi d'une épaulette qui vaut quatre fois plus que la sienne, mis en perspective d'un avancement plus grand encore, de la pairie, d'un titre, de tout ce que vous voudrez, et qu'il n'hésitât pas ? Voyons, faites un effort, soyez juste ; serait-il possible qu'il n'hésitât pas ?

Marguerite se prit à pleurer plus fort, et se cacha la tête dans les mains. Le raisonnement de Marcel était trop évident pour ne pas la frapper. Tous les arguments de son intérêt personnel furent réduits à néant. Marcel eut peur d'avoir dépassé le but et outré l'expression de la vérité. Cependant il fallait bien qu'une fois la lumière se fît autour du cœur de la fille de Gérard !

Hélas ! Marguerite n'en était plus à ces jours où, livrée au despotisme de Bahurot, elle s'obligeait elle-même, par esprit d'opposition, à l'amour d'Octave ; ce malheureux amour, si factice à sa naissance, était devenu trop réel ; les habitudes du cœur, les rêves de la pensée s'étaient également tournés au gré de cet appel. A force de se représenter le dévouement à son cousin comme un devoir, comme une vengeance noble et légitime, ce dévouement était devenu un plaisir, un bonheur, un besoin. Marguerite aimait éperdument Octave ; et si, il y avait quelques mois, elle eût pu encore renoncer à lui sans un profond chagrin, aujourd'hui un tel sacrifice demandait des efforts trop grands. Marcel l'apprit alors. Marcel, qui n'avait connu que des amours de garnison, était cependant bien digne de voir une passion profonde et malheureuse se mettre sous l'abri de ses consolations. Il tenait les mains de Marguerite, les serrait dans les siennes ; mais, trop ému lui-même, il ne trouvait rien à dire.

— Mon Dieu ! mon Dieu ! s'écria la jeune fille en levant au ciel ses yeux noyés de pleurs, que devenir ? Si Octave aime cette autre femme et s'est joué de moi, il est le dernier des hommes ! Faudra-t-il donc me consoler par le dédain? Oh! non; je ne me consolerai jamais! Marcel, mon pauvre Marcel, vous qui m'aimez, dites-moi quelque chose! A quoi puis-je me résoudre?

— Ecoutez-moi avec attention, dit Henri après un moment de silence; je n'ai pas besoin de vous rappeler combien jusqu'à ce jour j'ai été contraire à cette malheureuse affection; je vous ai représenté à ce sujet, à vous, ainsi qu'à Octave, tout ce qu'on pouvait; vous n'en avez tenu compte. Maintenant, ma chère demoiselle, je change d'avis. Il faut qu'Octave tienne ses engagements. Vis-à-vis des domestiques de la maison, des paysans du village, il s'est posé comme votre futur mari; ce petit monsieur musqué qui vient ici nous faire tant d'algarades, l'a trouvé dans cette situation; j'en suis très-fâché pour la fortune à venir de mon camarade, mais il vous épousera! Il vous a conduite au point où il ne peut plus vous abandonner sans vous laisser compromise, et je ne lui reconnais pas le droit de vous traiter avec cette légèreté. Enfin, s'il avait encore de l'hésitation ou de la répugnance, je sens en moi assez de cette éloquence qui suit les convictions honnêtes, pour vous assurer que je le persuaderais; mais comme je suis bien certain qu'il vous aime...

— Il m'aime! dites-vous, s'écria Marguerite; mais cette femme, Marcel, cette femme? vous n'y pensez pas! Son ami de Paris, ce jeune homme, ne l'avez-vous pas entendu?

— Bah! répondit Marcel, il faut aussi savoir dans quelle proportion la vérité peut avoir part aux affirmations de M. de Soilles.

— Octave s'est bien mal défendu, murmura Marguerite.

— Moi, je suis sûr qu'il vous aime, reprit Marcel à bout de moyens de conviction.

— Vous croyez? Mais alors ce jeune homme nous aurait donc abusés!

— Je n'y vois rien d'improbable. Qu'il ait été question d'un mariage pour Octave, c'est fort naturel; mais comme il vient ici pour vous épouser....

— Vous-même, vous avez trouvé hier au soir qu'il hésitait!

Marcel se tut un instant, puis frappant du pied:

— Tenez, dit-il, nous discutons ici dans le vide. Ne nous hâtons de rien conclure, ne prenons pas de parti, et surtout de parti violent, jusqu'à plus entière information. Que savons-nous des horizons mouvants qui se présenteront à nos yeux? rien absolument. Avons-nous en face des montagnes, des rochers infranchissables, ou tout simplement des nuages amoncelés qu'une minute va séparer, fondre et faire disparaître? Il faut attendre pour juger.

— Quoi! dit Marguerite, attendre pour savoir si Octave m'aime ou s'il me trompe? si je suis la victime ou l'idole? si je suis heureuse ou malheureuse? On ne peut pas attendre de telles choses!

— Je ne sais pas ce qu'on peut; mais il faut vous résoudre à la nécessité. Je tâcherai que le supplice soit de courte durée, et c'est pourquoi je vous quitte pour revenir bientôt. Je cours chercher des renseignements, faire causer ce Parisien, interroger Octave, prendre de l'un et de l'autre tout ce que je pourrai en tirer. Tout finira mieux sans doute que vous ne le craignez.

En prononçant ces mots dont l'intention était moins banale que le sens, Marcel serra la main de la jeune fille et sortit de l'appartement.

Après son départ, Marguerite se laissa tomber sur le canapé en pleurant de tout son cœur. Elle montrait peu de courage, il est vrai, pas du tout d'énergie ; mais c'était la première douleur vraiment rude que lui donnait l'amour. Avec cette passion on supporte tout vaillamment ; perte de fortune, de rang, chagrins de mille espèces, injustices des hommes, on supporte tout, hors le doute de n'être pas aimé ; on ne se plie pas à l'idée d'être trahi. Aussitôt que ces cruels fantômes apparaissent, toute fermeté, toute constance vous abandonne ; votre âme s'affaisse, ce qui la soutenait tombe : on n'est plus rien !

On n'est plus rien !... Que dis-je ? et quelle fausseté ! On le croit ainsi ! Et quel est le sentiment plus vivace que l'amour ! Qui se cramponne avec plus de force à l'existence, à l'espérance ? il n'en est aucun. Ce qu'on avait cru ne pouvoir accepter, on l'accepte, lorsque la nécessité le veut ; on s'accommode du pire ; on pensait mourir à tel ou tel coup ? Point : l'on survit ! On aime ! on aime ! heureux ou malheureux, trahi ou servi fidèlement, on veut toujours aimer, et la vie ne quitte ce sentiment fatal qu'après de longs martyres. Marguerite ne le savait pas alors, et elle se croyait au moment d'expirer ou de perdre la raison, parce que le soupçon touchait son cœur pour la première fois. Mais la pauvre enfant ne faisait que d'entrer dans les plaines désolées où l'amour traîne ses esclaves. Combien ils étaient sages ces vieux chanteurs de la Grèce antique, lorsqu'au milieu de leurs banquets ils injuriaient l'Amour en l'appelant : Cruelle divinité !

Marcel s'était mis à la recherche d'Octave et de Julien, qu'il savait par un domestique s'être éloignés de la maison. Il parcourut le jardin sans les rencontrer, et enfin un bruit de voix parvenu jusqu'à lui le guida dans le bois où le commandant avait, l'avant-veille, trouvé une retraite, alors que Bahurot mourant régnait encore. Les deux amis étaient assis côte à côte sur le petit banc, et causaient d'une façon, à ce qui semblait, assez paisible.

— C'est étrange ! pensa Marcel ; est-ce qu'en effet Octave tromperait Marguerite ?

Il fronça le sourcil, et abordant les deux jeunes gens avec l'imagination teinte en gris d'un juge d'instruction :

— Je vous dérange, messieurs ? dit-il.

— Quant à moi, nullement, répondit Julien ; je suis prêt à parler devant vous, si Octave m'y autorise.

Octave se mordit les lèvres.

— Messieurs, dit-il, je joue ici un sot rôle. Vous me supposez l'un et l'autre ballotté entre vous deux et manquant d'une volonté précise ; en cela vous êtes dans l'erreur. Rien ne m'empêchera d'épouser ma cousine. Vous l'entendez, Julien ! je parle, je crois, de façon assez péremptoire.

— Que M. Marcel juge de la difficulté que j'apporte à vos projets. Cansentez-vous à le prendre pour arbitre?

Octave répondit par un geste d'acquiescement empreint de quelque embarras; mais Julien ne parut pas se soucier de ce mécontentement mal déguisé.

— Aujourd'hui, dit-il, M. de Ternove est mon débiteur pour une somme qui dépasse cinquante mille francs. Vous dire de quelle manière il se trouve dans cette situation, comment je l'ai intéressé dans mes affaires, comment je lui ai avancé ccs fonds pour mener un train de vie nécessaire à son ambition, indispensable, j'en conviens, mais de beaucoup disproportionné à ses ressources personnelles, cela doit vous être parfaitement indifférent; il suffit que le commandant ne nie pas la dette.

Marcel regarda Octave d'un air stupéfié. Un signe de tête de celui-ci le convainquit que Julien disait la vérite. Le jeune garde du corps poursuivit son propos avec aisance, en s'adressant toujours à Marcel :

— Or, mon cher monsieur, vous concevrez parfaitement que, n'étant pas un usurier, je n'eus jamais jusqu'ici la moindre velléité d'abuser de ma position. Je savais parfaitement que M. de Ternove me paierait, car il devait un jour en avoir tous les moyens, et j'escomptais, comme on dit, ses projets futurs. Je n'aurais jamais supposé qu'il voulût lui-même assassiner sa fortune. Mais dans les circonstances actuelles, tout est bien changé : donc mes intentions ne peuvent plus rester les mêmes. Décidez-en, je vous prie. M. de Ternove ambitionne une félicité qui va le mettre tout à fait hors d'état de faire honneur à ses engagements; et s'il lui plaît de se ruiner, peut-on me faire un crime de redouter la perte de cinquante mille francs? D'un autre côté, n'est-ce pas un procédé d'ami que de faire sentir à Octave, par un argument vraiment *ad hominem,* combien sa romanesque détermination est fécond en conséquences funestes?...

— Ainsi, dit Marcel à Octave, tu dois cinquante mille francs à monsieur?

— Ternove en vaut plus de deux cent mille, je pense, répondit Octave orgueilleusement.

Julien se mit à rire.

— C'est-à-dire, murmura-t-il, que tu vas payer tes dettes de garçon avec la dot de ta femme? C'est de bon goût! Nos pères ne faisaient pas autrement.

Marcel était atterré. Il ne voyait pas d'issue, et se perdit dans un dédale de réflexions. Ni Octave ni Julien ne cherchaient à l'en distraire. Le premier se tenait barricadé derrière une exaltation sombre et cette exaspération aveugle qui persuade aux garnisons assiégées de se faire sauter. Le second avait évidemment confiance dans la portée de ses arguments, et attendait. Marcel rompit enfin le silence.

— Mon cher monsieur, supposons que notre ami épouse mademoiselle de Ternove, que comptez-vous faire?

— Je ne puis pas perdre mes cinquante mille francs, je ne suis pas assez riche pour cela.

— Ainsi, vous...

— Ainsi, je poursuivrai ; ne nous effrayons pas des mots.

— C'est un peu roide.

— C'est ce que vous voudrez.

— Monsieur sera payé, s'écria Octave. Un mot seulement : quand voulez-vous commencer vos poursuites ?

— Aussitôt que votre projet d'alliance avec mademoiselle de Bartannier sera décidément rompu.

— Il l'est ! et je donne ma parole d'honneur que je n'épouserai point cette jeune personne ! Je n'en ai jamais eu la volonté, je ne l'ai jamais dit, et tout ce que vous avez donné à entendre ce matin était, permettez-moi de vous le dire, de la dernière inexactitude.

— Bah ! dit Julien en riant.

— Mon pauvre Octave, reprit gravement Marcel, je ne vois pas de moyen de t'empêcher d'aller en prison. Désormais engagé comme tu l'es vis-à-vis de ton oncle, tu dois épouser ta cousine ou n'épouser personne. Voilà mon avis ; je suis aise qu'il se trouve conforme au tien.

Octave serra avec force la main de son ami. C'était la première fois depuis bien longtemps qu'ils s'entendaient.

— Un moment, je vous prie, interrompit Julien. Remarquez qu'avant votre mariage vous serez déjà perdu de réputation.

— Cordieu ! vous allez un peu loin ! dit Marcel en regardant le jeune élégant avec hauteur.

— Chacun joue son jeu, répliqua Julien. Il n'est

pas donné à tout le monde de s'élever jusqu'au parfait désintéressement.

—Monsieur, repartit froidement Marcel, si nous étions ici pour nous picoter, je vous tiendrais tête, mais d'autres occupations nous réclament. Mon cher Octave, tu épouseras Marguerite ; attends néanmoins que tes affaires soient débrouillées ! J'imagine que la nécessité d'un délai te saute aux yeux ?

—Assurément, répondit Octave, j'ai le vent et la marée contre moi ; pourtant je ne désespère pas de m'en tirer ! M. de Soilles, bien que nos positions réciproques soient fort différentes de ce qu'elles ont été jusqu'ici, j'espère que vous ne me ferez pas l'injure de quitter la maison de mon oncle à cause de nos dissensions ?

—En fait de procédés délicats, dit Julien, je sais tout ce que je dois attendre de vous. Du reste, je n'abuserai pas de cette hospitalité généreuse, car dans deux heures je repartirai pour Paris. Vous ne m'avez pas donné tout à fait votre dernier mot, sans doute ; je viendrai vous le demander avant de monter en voiture.

Les trois jeunes gens se saluèrent, et Julien s'éloigna.

—— Je ne peux pas imaginer, dit Marcel, comment tu pourras te tirer de presse ; dans tous les cas, souviens-toi que ne pas tenir parole à Marguerite serait maintenant une lâcheté insigne.

—— Je suis charmé de t'entendre parler ainsi, s'écria Octave ; mais ne te tourmente pas, assieds-toi là, et écoute-moi bien ; je vais te développer un projet qui vient de me passer par la tête.

CHAPITRE VVI.

— Tu devines sans doute , poursuivit Octave ,
quelles seront à Paris les premières démarches de
Julien?

— Ma foi, dit Marcel, il va mettre ses créances
entre les mains des avoués et obtenir contre toi une
prise de corps ou quelque chose de pareil ; je
n'ai pas grande connaissance de toutes ces affai-
res-là.

—Tu n'y es pas, répliqua Octave. Ainsi qu'il te
l'a dit lui-même, Julien n'a rien d'un usurier ; il
ne voudra pas perdre l'argent que je lui dois ; mais
ce n'est pas ce qui lui tient le plus au cœur. Il songe
à quelque chose de plus pressé.

— Et à quoi, s'il te plaît?

— Il va courir chez M. de Marvejols raconter

ce qui se passe ici. Certes, il y en a bien assez pour enflammer l'indignation du vieil émigré; mais comme Julien n'a jamais dans toute sa vie pu raconter un fait d'une manière exacte, il brodera, embellira, augmentera mes crimes, et, autant qu'il sera en lui, excitera la colère de mes protecteurs.

— Ceci, c'est de la méchanceté gratuite.

— Point du tout! c'est de la charité bien entendue. Julien pensera à lui-même. S'il ne s'agissait que de lui céder ce que je ne veux pas, à savoir la main de mademoiselle de Bartannier et tout ce qui s'ensuit, le marché serait facile à conclure; mais je crains qu'il ne vise à me remplacer dans l'esprit du vieux baron, qui peut encore me tirer de peine, et c'est ce que je n'entends pas souffrir.

— Corbleu! tu crois que le baron peut te tirer de peine?

— Eh! vraiment, penses-tu que si je vais me jeter dans ses bras, si je lui avoue ma position vis-à-vis de de Soilles, il me laissera mettre en prison? Tu ne le connais pas, ni surtout sa femme! Ils donneraient pour moi jusqu'à leur dernier sou, et l'idée de les affliger n'est pas ce qui me préoccupe le moins dans mes embarras! Ils ont, du reste, assez de crédit pour me trouver la grosse somme qui me manque. Bartannier, au besoin, la leur prêterait..., Mais, non, je ne dois pas me servir de Bartannier!

— Que le diable t'emporte! s'écria Marcel. Au milieu de ces intrigues ma raison se perd, et à tous moments je ne sais plus où j'en suis. Sais-tu

que si tout cela n'est pas précisément malhonnête,
ce n'est pas remarquablement loyal? Tu vas emprunter une véritable fortune, ce qui me suffirait,
à moi , pour être heureux toute ma vie avec une
petite cahute et un carré de choux, à un brave et
digne homme qui t'aime de tout son cœur, et que
tu trompes sur une affaire capable , suivant toi ,
de le réduire au désespoir quand il viendra à l'apprendre ! Je ne voudrais pas, d'honneur, être à ta
place !

— Eh ! répondit Octave, pour marcher un peu
dans cet infâme monde où l'on se casse les jambes
à toute minute contre des obstacles ridicules, force nous est d'abattre quelques justes scrupules ! Il
faut avant tout se défendre.

— Je ne t'envie pas ce beau système , dit Marcel. Pourquoi n'essaies-tu pas plutôt de parler de
Marguerite au baron... à mots couverts?

— Je sais déjà sa réponse. Je vois son indignation, j'entends ses cris d'horreur.

— Et à la baronne?

— Ce serait encore pis. D'ailleurs nous verrons
plus tard. Pour lutter contre Julien, il ne s'agit pas
d'être franc. C'est un homme capable d'employer
toutes les roueries contre moi.

— Ainsi, résumons-nous. Tu ne voulais pas partir hier et tu pars dans une demi-heure ?

— Hier , je te l'avoue , répliqua Octave , j'ai
éprouvé quelques hésitations. Je regrettais un peu
la position que je vais perdre.

— Je comprends, interrompit Marcel avec amer-
tume, quand ton amour ne rencontre plus d'obstacles, il faiblit. Aujourd'hui que tout est conjuré

contre toi, tu es plus épris que jamais. Grande leçon que je reçois là ! Vois-tu , les véritables auteurs de ta passion sont Bahurot et moi ! Je veux être pendu si je m'oppose jamais aux sottises que tu me proposeras. Enfin revenons à nos moutons. Tu pars à l'instant?

— A l'instant, et tu viens avec moi.

— Volontiers. J'imagine que je ne servirai pas peu à te remonter de temps en temps , car si tes affaires vont trop bien, tu ne voudras plus épouser Marguerite.

— Tu me calomnies !

— Et il faut que tu l'épouses !

—Bon ! s'écria Octave, ardent comme un néophyte ; mais puisque Julien prétend se mettre en route dans deux heures, nous n'avons pas une minute à perdre. Va commander tous les chevaux à la poste, nous prendrons les deux voitures qui s'y trouvent, une pour toi , une pour moi ; nous nous arrangerons ainsi de manière à ce que la poursuite lui devienne difficile.

— Cordieu ! nous allons nous amuser, dit Marcel en se frottant les mains ; dans une demi-heure rejoins-moi au bout du village, tout sera en ordre.

— Va donc !

Tandis que Marcel gagnait la Longuée au pas accéléré, Octave entra dans sa chambre , où il écrivit la lettre suivante à sa cousine :

« Marguerite , ma bien – aimée , n'ayez aucune crainte : la terre et le ciel peuvent se conjurer contre mon amour ; puisque vous m'aimez , que vous me l'avez dit, que Marcel le pense, que tout m'en assure, oh ! chère âme, n'en doutez jamais, rien ne nous séparera ! Je ne saurais vivre sans vous ! Et si je vous sacrifie quelque peu de chose, c'est que tous les intérêts de l'ambition me paraissent aujourd'hui bien mesquins. Je serai bientôt de retour pour ne jamais vous quitter. Le voyage que je voulais retarder hier, je l'entreprends tout de suite : soyez sans inquiétude, il sera heureux !

» Je ne me défendrai pas contre les calomnies. Jamais je n'ai aimé mademoiselle de Bartannier ni songé à elle. Tout mon crime fut peut-être de laisser ceux dont je dépendais rêver une union impossible ; mais ne croyez pas un seul mot contre ma sincérité. Je vous chéris uniquement ; jamais je n'ai pensé qu'à vous, je ne serai jamais qu'à vous seule. Ah ! Marguerite, vous seriez bien incrédule, bien cruelle si vous doutiez de mes promesses !

» Il ne faut pas non plus vous inquiéter des causes de mon départ. Peut-être M. de Soilles vous aura-t-il laissé entendre que j'étais son débiteur pour une somme considérable : c'est vrai ; mais je réussirai à me débarrasser de ce fardeau ; ne vous occupez pas de mes ennuis, ni des moyens qu'il me faudra employer. Tout ira pour le mieux.

» Encore un mot. Julien va peut-être rester plusieurs jours à Ternove. Engagez mon oncle à le traiter comme mon hôte. Pour vous, défiez-vous de lui ; il est insinuant, flatteur, adroit et fourbe consommé. Il ne reculera devant aucun moyen pour me noircir à vos yeux, car mon mariage avec vous ruine une partie de ses espérances.

» Adieu, ma bien-aimée Marguerite ; pensez à

moi comme à l'être qui vous aime le plus uniquement, le plus passionnément en ce monde. Dans
peu de temps , encore une fois , dans quelques
jours je serai à Ternove. Mon oncle doit prendre
soin que rien ne puisse retarder notre union. Qu'il
s'informe de toutes les pièces nécessaires. Grâce
au ciel, elles doivent toutes se trouver à la Longuée pour vous comme pour moi.

» Adieu, votre mari vous baise les mains avec
une tendresse sans bornes.

» OCTAVE. »

Le commandant ne jugea pas à propos de remet-
tre cette lettre lui-même. Il craignait , par trop
d'allées et de venues , par un mot arrêté au passage, de donner l'éveil à Julien. Il appela Thomas.

— Tiens, lui dit-il, prends cette valise, porte-la,
en courant, à l'extrémité du village, et veille surtout à n'être vu ni de M. de Soilles ni de son domestique. Je t'avertis que si l'un ou l'autre t'aper-
çoit, je te fais chasser du service de mon oncle.

— Ah ! M. Octave ! vous n'y pensez pas ! Un
vieux serviteur !

— N'importe ! Fais attention ! Au bout du village, tu trouveras M. Marcel , et tu m'attendras là.

— Oui, M. Octave.

— Pars, malheureux, et dépêche-toi !

— Soyez tranquille, il n'y a pas de danger.

Les menaces d'Octave avaient en effet stimulé
le zèle de maître Thomas. Si l'amour aiguise l'esprit des filles, la crainte de perdre une bonne place
inspire aussi de l'activité aux valets, à moins
qu'ils ne soient comme l'Antonio de Beaumarchais,

bien déterminés à ne jamais renvoyer un bon maître.

La valise et Thomas arrivèrent donc promptement au village, où Marcel était déjà en faction devant deux épouvantables berlingots attelés de tous les chevaux que la poste avait pu fournir.

— Tiens! tiens! dit Thomas.

— Tu es surpris, hein! répliqua Marcel, amateur goguenard des conversations niaises qu'on entend tenir aux paysans.

— Dame, oui! Est-ce que c'est vous qui partez, M. Marcel!

— Oui, mon ami.

— Je pense bien que M. Octave va venir vous dire adieu, pour sûr.

— Tu as deviné, le voilà.

— Thomas, dit Octave qui arrivait, prends cette lettre, et aussitôt rentré au château, ce que tu ne feras pas avant une bonne demi-heure, tu m'entends?...

— Oui, monsieur, j'entends bien.

— Eh bien! dans une bonne demi-heure tu remettras cette lettre-ci à mademoiselle Marguerite.

— Oui, M. Octave.

— A personne autre... prends-y garde!

— Oh! je comprends bien, répondit Thomas avec un gros rire. Tiens, vous partez aussi?

Il y avait là cinq ou six gamins du pays, arrêtés dans la dernière admiration par le spectacle incomparable de deux hommes montant en voiture.

— Tiens! tiens! tiens! poursuivit Thomas avec une surprise croissante, voilà pourtant M. Octave qui s'en va aussi ! Bonjour, M. Octave! Bonjour, M. Marcel ! Bon voyage ! à l'honneur de vous revoir ! Bon ! les voilà en route ! C'est drôle tout de même de voir des chrétiens se mettre dans des boîtes ! Pour où est-ce qu'y s'embarquent comme ça tous les deux ? Pour Paris, c'est sûr ! Bah ! je m'en vas boire un coup chez le père Branchu avant de porter ma lettre, ça me passera bien ma demi-heure.

Tandis que Marcel et Octave gagnaient Julien de vitesse, celui-ci avait jugé à propos de s'attacher à M. Gérard de Ternove, et de chercher un biais pour lui faire rompre le mariage de sa fille. Comme tous les gens prédestinés à de grands succès, de Soilles était extrêmement tenace dans ses résolutions, et ne dédaignait aucun moyen, si grand ou si petit qu'il pût être.

Il s'était donc empressé d'aller rejoindre Gérard sous une tonnelle du jardin, où l'ancien capitaine était, suivant son usage, occupé à lire l'*Almanach royal* de 1787.

— Mon Dieu, monsieur, dit le jeune garde du corps d'un air caressant et à demi gai, il me semble que j'ai apporté du trouble dans votre maison, et j'ai de grandes excuses à vous faire.

— En vérité, répondit Gérard, vous avez effarouché tout le monde, et si bien, que je m'attends dans ce moment-ci à apprendre de votre bouche que vous allez vous battre avec mon neveu.

— Soyez parfaitement tranquille sur ce chapitre. Octave et moi ne pourrions que nous couvrir de ridicule en nous faisant une estafilade l'un à l'autre. Non, nous ne voulons pas nous égorger;

lui, seulement, aurait désiré mon silence plus complet, et moi je voudrais, pour lui, qu'il n'épousât pas mademoiselle votre fille.

— Vous me permettrez de vous faire observer, mon cher monsieur, dit Gérard, que vous me saluez là d'un singulier compliment.

— Oh! ne vous formalisez pas de mes paroles, je vous en conjure, s'écria Julien. Personne plus que moi n'a de respect pour mademoiselle de Ternove et pour vous ; mais...

Julien commença à développer au vieux Gérard ce thème que nous connaissons déjà, des obstacles que la raison devait opposer à l'union des deux cousins. Il débita son plaidoyer en le bourrant indifféremment de tous les arguments qui lui vinrent à l'esprit. Mais en quelques instants il comprit, aux réponses de Gérard, à quel homme il avait affaire, et s'empressa aussitôt de reprendre et de faire briller aux feux de son éloquence toutes les raisons qui pouvaient frapper davantage le vieux gentilhomme. Il insista avec chaleur sur la ruine certaine de l'héritier de la maison de Ternove.

— Quoi! s'écria-t-il, il se présente une fortune unique, miraculeuse! il s'agit de relever d'un seul coup la gloire d'une famille ancienne et honorable! et point! Votre neveu méconnaissant ses devoirs les plus sacrés, ce que, vous et moi, nous lui avons entendu cent fois mettre au-dessus de tout! votre neveu va se jeter dans la misère, et avec lui toute sa race! Comment paiera-t-il les cinquante mille francs qu'il doit? Il ne lui reste qu'une manière de se tirer d'embarras, et je vais vous la dire; il s'est

lui-même laissé aller dans un moment d'emporte-
ment à m'indiquer ce moyen : c'est de vendre Ternove !

— Vendre Ternove ! répéta le vieillard épou-
vanté. Le vendre encore une fois ! le vendre nous-
mêmes !

— Je conclus, dit Julien, que votre neveu ne
peut pas épouser sa cousine.

Gérard appuya son menton sur sa canne et resta
plongé dans une muette et douloureuse médita-
tion. Enfin il releva la tête :

— Mon cher monsieur, reprit-il, je ne sais pas
au fond si vos intentions sont aussi pures que vous
le dites ; mais vous avez la raison de votre côté.
Vous m'avez à peu près convaincu. C'est peu de
chose, je vous en avertis ; on ne m'écoute guère
ici, et surtout on ne me consulte jamais. Cependant, comme il s'agit de l'honneur de ma famille,
je ferai un effort. Je parlerai à Octave, je parlerai
à Marguerite.

Gérard se leva en prononçant ces mots et prit
une physionomie solennelle dont peut-être il ne
s'était pas permis l'usage depuis le temps où il
donnait des ordres dans le régiment de Champagne. Il avait une juste idée des difficultés de sa négociation, et se battait les flancs pour se donner le
courage d'aller jusqu'au bout. Julien, lui voyant
des dispositions aussi bonnes, lui fit ses adieux,
tourna quelques phrases polies sur son chagrin de
porter ainsi la désolation dans une famille si unie,
et s'achemina vers la maison pour appeler son domestique. Suivi de ce dernier qui portait sa valise,

comme Thomas avait fait celle d'Octave peu d'instants auparavant, Julien arriva à la poste et demanda des chevaux. Nous savons déjà la réponse qui lui fut faite.

Il comprit parfaitement.

— J'imagine, se dit-il, que mes deux braves amis vont prendre la précaution de me priver de chevaux pendant quelques postes encore. Ainsi, tous mes efforts pour arriver avant Octave chez le vieux Marvejols seraient sans résultat. J'ai été deviné. Pour ne pas perdre de temps, il faut tourner mes batteries ailleurs et faire brèche d'un autre côté. D'ailleurs, si je réussis à empêcher ce mariage, que m'importe la continuation de l'attachement des Marvejols ! Au contraire ! Octave, une fois sa passion étranglée et enterrée, m'élèvera des autels, et je lui serai plus indispensable que jamais ! Puisque me voici retenu pour quelques heures dans ce trou maudit, achevons notre ouvrage et prenons patience. Mon brave Octave, nous verrons qui jouera le plus serré de nous deux !

Laissons le château de Ternove à ses agitations, laissons le vieux Gérard rentrer dans l'emploi des pères nobles, Marguerite revenir à la vie, à la joie, en lisant la lettre de son amant, Julien développer ses intrigues improvisées, et suivons Octave et Marcel sur la route de Paris. Le chemin fut franchi lestement. Le troisième jour, la chaise de poste entrait dans la cour de l'hôtel.

Le commandant s'empressa de conduire Henri à son appartement, l'y installa, et se rendit sans tarder au salon, où le colonel et la baronne poussèrent en l'apercevant un égal cri de joie et s'empressèrent de le serrer alternativement dans leurs bras.

Il s'abandonna de la meilleure grâce du monde à ces affectueux embrassements.

— Octave, dit madame de Marvejols, qu'avez-vous été faire de si pressé à Ternove? Pourquoi nous laisser là? Pourquoi abandonner vos affaires, vos amis? M. de Bartannier n'en revenait pas! Il assurait, en riant, que vous deviez avoir laissé dans votre pays quelque petite intrigue! Vous savez que le marquis a toujours des idées de ce genre, le pauvre homme! Enfin votre oncle aurait pu attendre, ou bien venir à Paris où je serais très-heureuse de le recevoir.

La vieille dame ne faisait pas tous les jours d'aussi longues harangues; mais le bonheur de revoir son cher Octave la rendait éloquente.

— As-tu rencontré M. de Soilles? demanda le baron quand sa femme se fut arrêtée pour s'essuyer les yeux et sangloter sur le cou d'Octave.

— Oui, mon père, il est venu à Ternove. Il m'a rapporté le désir que vous aviez de me revoir, et me voici.

— C'est un bien brave jeune homme, reprit M. de Marvejols; je suis heureux de te connaître des amis pareils. Tu ne peux croire à quel point il t'aime! Ce n'est pas seulement de l'affection, c'est du dévouement! Il ne prononce pas ton nom sans dire : « Ce bon Octave! ce cher Octave! » Il te porte aux nues! il t'adore! Je le recommanderai bien puissamment au duc de P***, car dans ce moment, m'a-t-il assuré, il a besoin d'un coup d'épaule.

— Je suis exactement dans le même cas, et par la faute de ce parfait ami, murmura le commandant en s'asseyant sur le sofa à côté de madame de Marvejols.

— Comment cela ?

— Cet excellent Julien, dont vous prenez si fort les intérêts, ce Julien qui est venu me chercher à Ternove par pure amitié pour moi, par déférence pour vous, ce même Julien s'est tout simplement empressé de déclarer qu'ayant des lettres de change signées de moi, il allait m'envoyer galamment à Sainte-Pélagie, si je ne payais sans retard.

— Quelle horreur ! s'écria le baron. M. de Soilles est incapable d'un pareil trait !

— Mon père, je vous en donne ma parole d'honneur ; je n'invente rien. Je suis à sa discrétion, et il prétend en user.

— Pourquoi lui dois-tu ? Combien lui dois-tu ?

— Je lui dois, vous savez vous-même pourquoi. Je n'ai que ma solde ; puis-je avec cet unique revenu et le vôtre, que vous mettez si généreusement à ma disposition, mais qui déjà suffit à peine pour maintenir votre rang dans le monde, puis-je soutenir le train de vie dont Bartannier m'a tracé le menu, et qui lui semble indispensable dans ma position ? Je ne pouvais vraiment faire autrement que d'emprunter.

— Je savais poursuivit le baron, qu'il te fallait emprunter ; mais ce que je ne conçois pas, c'est que

M. de Soilles ait été ton prêteur, car, entre nous, il n'a rien.

— Que ce qu'il gagne, et les fonds de ses associés dans la fourniture des huiles. Si ses rentes sont modestes, il lui passe et il lui reste beaucoup d'argent dans les doigts, je vous l'assure ! Bref, il m'a prêté, et il veut ravoir son argent.

— Tu ne m'as pas dit combien.

— Vous allez vous effrayer.

— Malheureux enfant ! murmura la baronne en lui serrant les mains, soyez tranquille, nous paierons.

— Enfin, continua le baron, tu dois...?

— Cinquante mille francs.

Il y eut un silence complet, profond, lugubre.

Au bout d'un instant, le baron se leva, fit quelques tours dans l'appartement, puis revint se mettre en face d'Octave. Il regarda son fils adoptif avec le sourire le plus affectueux, et soupira :

— Enfant prodigue !

Si douce, si attendrissante que fût cette réprimande, elle déplut à la baronne.

— Vous n'y songez pas, dit-elle à son mari; Octave ne mérite aucun reproche. Nous voulons pour lui de grands succès ; avec sa jolie figure, ses talents et surtout sa naissance, il doit prétendre à tout, et dans ce temps misérable il est impossible qu'il arrive à rien s'il ne fait pas un peu d'étalage. Vous avouez vous-même qu'il devait emprunter.

— Sans doute, sans doute : je ne lui en fais pas un crime ! Je ne t'accuse pas, mon pauvre Octave ! ne va pas t'imaginer cela ! Donne-moi la main, mon ami.

Octave était ému, ému jusqu'au fond de l'âme ; il se sentait prêt à fondre en larmes et à se jeter dans les bras de son père pour lui tout avouer. Mais quoi ! c'était la perte de son amour... Il aperçut au milieu de son transport intérieur l'image de Marguerite en pleurs, et contint ses sentiments.

— Pourquoi, demanda le baron, M. de Soilles te fait-il cette algarade ? Il doit avoir un motif ?

— Il en a un sans doute, mon père, répondit Octave, et qui n'est pas à son honneur. De Soilles ne montre ici ni amitié ni probité.

— Raconte-nous cela.

— Non, dit le jeune homme ; vous me permettrez de garder le silence. Je ne puis vous rien confier ; des considérations graves me ferment la bouche. Ici je suis malheureux de toute façon, et surtout par l'apparence que je me donne de manquer de confiance en vous.

— Ne t'en afflige pas ! interrompit le colonel ; du moment que tu ne peux me prendre pour ton confident sans être, à ce que je crois, indiscret sur les affaires d'autrui, je serais coupable de t'interroger davantage. Toute la question se réduit à trouver les cinquante mille francs et à les donner à M. de Soilles ; or, je n'ai pas cette somme, tant s'en faut, et je ne vois qu'un seul moyen de me la procurer : c'est, mon enfant, de la demander à M. de Bartannier. C'est un homme du monde, un peu trop peut-être, et je voudrais lui voir plus de piété ; il comprendra ton embarras ; et soit qu'il paie comme avance sur la dot de sa fille, soit qu'il trouve un moyen d'éluder les réclamations pressantes de ton créancier, je suis sûr qu'il te sera fort utile.

Octave mit sa tête dans ses mains. S'il acceptait le secours de Bartannier, il s'engageait envers lui, et courait au-devant du mariage qu'il voulait fuir ; ou bien son silence obstiné, déjà peu loyal, devenait une improbité. D'autre part, reculer... écarter l'intervention du marquis ! Que de louche dans une telle conduite ! L'amour de ses parents adoptifs était grand, mais il fallait pourtant leur supposer un peu de sens commun, et sur tant de réticences il était impossible qu'à la fin ils ne fissent pas des réflexions défavorables.

Toutes ces pensées, tous ces calculs, toutes ces combinaisons d'inconvénients se présentèrent en foule à son imagination déséspérée. En une seconde il les avait vus, pesés, il savait de point en point sur quelle mer dangereuse il naviguait. Il se leva avec agitation et dit au baron :

— Je vais vous paraître bien coupable, mon père, car dans tout mystère on est enclin à supposer une faute, mais je vous déclare qu'il m'est impossible de contracter aucune obligation envers le marquis de Bartannier.

— Malheureux enfant ! s'écria M. de Marvejols en levant les bras au ciel, tu ne veux plus épouser sa fille ! Est-il bien vrai que tu ne veuilles plus de Claire ?

— Réfléchissez, Octave, réfléchissez, mon ami, dit la baronne ; n'allez pas faire une folie ; pourquoi ne voulez-vous pas vous adresser à M. de Bartannier ?

Octave, en voyant cette explosion de craintes

chez ses parents adoptifs, se dit en lui-même : Un pas de plus en avant, et je me noie.

Il fit un pas de côté.

— Pour ce qui est d'épouser mademoiselle de Bartannier, dit-il, vous vous hâtez trop en me supposant décidé à me retirer ; je n'ai rien dit de pareil, et je ne vois pas pourquoi cette jeune personne serait mêlée à ma répugnance pour l'intervention de son père.

— Mais, dit le baron, le marquis est un excellent et honnête homme qui t'aime infiniment.

— Je n'en doute pas ! Et je suis plein d'estime et de reconnaissance pour lui.

— Que de mystères ! dit le baron ; à tout moment je me casse le nez sur un secret ! Tu ne veux pas être aidé par Bartannier? Que faire? Je suis convaincu que toutes tes réticences ne sont que des niaiseries. Tu as sans doute en tête quelque exagération chevaleresque?

Cette explication convenait à Octave ; il la reçut par un sourire qui plut au baron ; mais le commandant, au lieu de se sauver ainsi, tomba au beau grand milieu de toutes les fondrières dont il se croyait sorti.

Au moment où le baron, réjoui du sourire d'Octave, lui frappait sur l'épaule de l'air d'un sage raillant une trop scrupuleuse vertu, la porte du salon s'ouvrit à deux battants, et l'on annonça :

— M. le marquis de Bartannier.

— Octave déjà de retour? s'écria le marquis. Embrasse-moi, mon commandant ! Bonjour, cher baron ! Madame la baronne, permettez-moi de vous présenter les hommages d'un ancien et fidèle adorateur. Ouf! laissez-moi m'installer dans ce bon fauteuil. Je viens des Tuileries, où l'on étouffe! J'y ai vu des femmes ravissantes, sur ma parole!

Il a déjà été trop souvent question du marquis de Bartannier dans ce récit pour qu'il soit superflu de le présenter d'une manière plus précise au lecteur. Il vaut la peine d'une digression. Ce personnage, appelé à jouer un rôle important dans la destinée d'Octave, était un fort grand propriétaire du Midi, un homme qui possédait une fortune considérable en terres, et qui, par une bizarrerie dont on pourrait citer quelques autres exemples, n'avait presque rien perdu pendant la révolution. Ses biens, d'abord mis sous le séquestre, avaient été dégagés par une mère, par des tantes adroites et bien conseillées; le marquis lui-même, aimé de ses paysans, n'avait pas voulu émigrer, et, caché dans une de ses fermes, il y avait passé tout le temps de la terreur sans être inquiété. Le Directoire lui avait été favorable; il n'était pas homme à vivre mal avec un gouvernement quelconque; il possédait à fond cette philosophie politique qui fait surnager les gros propriétaires au-dessus de tous les régimes. Sous l'empire, il avait accepté une clef de chambellan, afin de n'être pas taquiné, et, une fois ce gage de son dévouement accordé à la nouvelle cour, il s'était soigneusement tenu dans une opposition muette et humble qui lui avait permis de conserver l'estime du faubourg Saint-Germain.

Son long séjour à la campagne avait développé chez lui à un assez haut degré les vertus et les idées rurales. Il était devenu paysan par l'âme, et retors comme un fermier. A Paris, il s'était mêlé sous main à quelques affaires industrielles qui lui avaient été très-profitables ; mais son triomphe, c'était l'agriculture. Il se vantait d'y être maître passé, et parlait aussi volontiers élève de chevaux, *engraissage* des bœufs, culture des pommes de terre et prairies artificielles que l'aurait pu M. Mathieu de Dombasle lui-même. Enfin, l'avoué le plus matois n'était pas plus que lui subtil et entendu en affaires.

Avec toutes ces qualités et la vie qu'il avait menée, et la préoccupation constante de sauver et d'augmenter sa fortune, et tous les sacrifices dont il avait fait hommage aux nécessités du temps, on peut croire que M. de Bartannier avait peu d'enthousiasme politique. Il était toujours sur ce point de l'avis du gouvernement ; toutefois ses liaisons de famille et aussi un certain penchant naturel lui avaient rendu facile l'adoption de la cocarde blanche. Sa petite opposition à Bonaparte l'avait plus tard servi ; et quand le roi de France avait été bien installé sur le trône de ses pères, la clef du chambellan impérial s'était métamorphosée en prétendu instrument de torture où sa fidélité aux Bourbons avait été martyrisée par le despote impitoyable.

Plusieurs amis et parents aidant, cette donnée s'était fait accueillir, et M. de Bartannier, reçu au sein des fidèles, et des plus purs fidèles, avait artistement édifié un crédit et une influence qui ne le cédaient à aucun crédit, à aucune influence, même mieux mérités. Chaque jour les rendait d'autant plus solides que, riche et ne désirant rien pour lui-même, il ne demandait que des faveurs faciles et se contentait de solliciter pour autrui. Il était tellement estimé, que ses opinions voltairiennes ne lui nuisaient en rien. D'ailleurs, en 1815, le moment n'était pas encore venu où la profession de foi catholique devait rigoureusement couronner l'expression des sentiments royalistes. Puis le marquis ne se souciait pas de s'enfoncer trop avant dans les doctrines exclusives qu'il voyait poindre. Très-occupé de son bien-être, très-amoureux de ses plaisirs, il ne rompait pas en visière aux politiques du temps; mais, satisfait de la gloire de ses aïeux, de ses cent mille livres de rente en fonds de terre, il ne prétendait point à se mêler dans des intrigues dont, en homme de sens, il ne croyait pas le triomphe très-assuré.

Encore un mot sur le marquis. Nous venons de dire qu'il songeait beaucoup à ses plaisirs. En effet, outre ses autres mérites, il appartenait à cette race heureuse de bons vivants, assidus à l'Opéra et aux petits théâtres, moins pour l'art dramatique en lui-même que pour ses desservantes. Cette passion, ou pour mieux dire, ce goût vif était peut-être, plus encore que son penchant décidé pour la bonne chère, la cause de son manque d'orthodoxie religieuse.

FIN DU TOME SECOND